Umschlagmotiv: Chinesisches Teehaus im Schloßpark von Sanssouci

Herausgeber: Polyglott-Redaktion
Autorin: Christiane Theiselmann
Lektorat: Stefan Kraft
Bildredaktion: Nicole Häusler
Art Direction: Illustration & Graphik Forster GmbH, Hamburg
Karten und Pläne: Thomas Willmann
Titeldesign-Konzept: V. Barl
Realisation: Studio Wolf Brannasky

Ergänzende Anregungen, für die wir jederzeit dankbar sind,
bitten wir zu richten an:
Polyglott-Verlag, Redaktion, Postfach 40 11 20, D-80711 München.

Zeichenerklärung

- Information
- Öffnungszeiten
- Telefonnummer
- Faxnummer
- Eisenbahnverbindungen
- Busverbindungen
- Schiffsverbindungen
- Hotel
- $$$ 260–350 DM (DZ pro Person)
- $$ 160–250 DM
- $ 90–150 DM
- Restaurant
- $$$ über 30 DM (pro Hauptgericht)
- $$ 20–30 DM
- $ bis 20 DM

Kartenlegende

- Beschriebener Weg mit Nummer
- Durchgangsstraße
- sonstige Straßen
- Fußgängerzone
- Fußweg

Erste Auflage 1997

Redaktionsschluß: Dezember 1996

Printed in Germany
Gedruckt auf chlorfrei gebleichtem Papier
ISBN 3-493-62 650-9

Polyglott-Reiseführer

Potsdam

Christiane Theiselmann

Polyglott-Verlag München

INHALT

Allgemeines

9 Wege durch Potsdam

9 Wege durch Potsdam

Editorial

Potsdam – wer denkt da nicht gleich an die prächtige königliche Sommerresidenz Schloß Sanssouci und den „Alten Fritz“, begleitet von seinen Windspielen?

Damals wie heute ist dieses preußische Kleinod der Hauptanziehungspunkt der Stadt. Fast jeder auswärtige Gast, der Potsdam einen Besuch abstattet, besichtigt auch Schloß Sanssouci und spaziert durch dessen weitläufigen, blumengeschmückten Park mit dem malerischen Chinesischen Teehaus und den Römischen Bädern. Mit Sanssouci schuf Friedrich der Große für Potsdam einen Mythos – ein Erbe, von dem die Stadt bis in die Gegenwart lebt.

Aber neben der kunstsinnigen Seite hatte Potsdam noch ein anderes Gesicht: das einer ungeliebten, säbelrasselnden Kasernenstadt, in der jeder Bürger zur kostenlosen Einquartierung oft mehrerer Grenadiere und Offiziere verpflichtet war. Hier ließ der Soldatenkönig auch ein Militärwaisenhaus und eine Gewehrfabrik bauen und einen riesigen Exerzierplatz anlegen. Über Jahrhunderte hinweg wurde Potsdam allmählich zum Inbegriff des preußischen Ideals von spartanischer Zucht, hartem Drill und soldatischem Gehorsam.

Doch genau dieser Gegensatz ist das Spannende! Und zieht aus aller Welt alljährich bis zu acht Millionen Besucher an. Die Vielseitigkeit der Eindrücke macht das Besondere der kleinen Stadt an der Havel aus. Wer Potsdam besucht, darf die Schönheiten der Schlösser und Gärten genießen, sich aber gleichzeitig zu einer Auseinandersetzung mit erst kurmärkisch-brandenburgischer, dann preußischer und schließlich deutscher Geschichte herausgefordert fühlen.

Denkmal Friedrichs des Großen vor der Orangerie

Die Autorin

Dr. phil. Christiane Theiselmann, 1961 in Duisburg geboren, ist Kunsthistorikerin und arbeitet als freie Journalistin in Berlin. Ihre Spezialgebiete sind die berlin-brandenburgische Kulturlandschaft sowie Reise und Natur. Sie schrieb auch die Polyglott-Reiseführer „Berlin“ und „Brandenburg“.

Blühende Kulturlandschaft an der Havel

„Das gantze Eylandt muß ein Paradies werden", riet Fürst Johann Moritz von Nassau-Siegen aus dem fernen Kleve 1652 seinem Freund, dem Großen Kurfürsten, als dieser anfing, „sein" Potsdam zu verschönern. Und wirklich – ein reizvolles Kleinod ist sie im Laufe der Jahrhunderte geworden, diese Havelinsel mit ihren malerischen Höhenzügen und großartigen Kunstschöpfungen. Man erlebt die Schönheit von Landschaft und Kunst in einer einzigartigen und harmonischen Verbindung.

Landschaft

Potsdam ist eine Insel! Viele Besucher sind erstaunt, wenn sie feststellen, daß die kleine Stadt am südwestlichen Stadtrand von Berlin ringsum von Wasser umgeben ist. Die Havel teilt sich an der Südspitze der Insel, um die Stadt westlich und östlich in einer ewig mäandrierenden Aufeinanderfolge zahlreicher kleinerer und größerer Seen zu umfließen. Zu den größten Gewässern zählen der Schwielowsee, der Templiner See, der Tiefe See und der Jungfernsee. Die Ufer sind bewaldet und an vielen Stellen so still, daß man glauben könnte, einen ganzen See für sich allein zu haben. Im Norden verbindet der kilometerlange Sacrow-Paretzer Kanal wie ein schmaler Riegel all diese natürlichen Havelseen miteinander. Diese Lage, rundum von Wasser umflossen, beschert Potsdam vom Frühjahr bis in den Herbst einen hohen Freizeitwert. Mit Vorliebe rudern, paddeln oder segeln begeisterte Wassersportler am Wochenende einmal rund um die Insel. Für die Freunde des Badevergnügens bietet die Potsdamer Seenkette an vielen Stellen lange, helle Sandstrände und flache Ufer.

Selbst Taucher kommen hier auf ihre Kosten: Während die Havelseen meist nur zwischen 4 und 10 m seicht sind, erreichen einzelne Binnenseen, wie der Glindow- und der Sacrower See, eine Wassertiefe bis zu 20 m.

Potsdam liegt im Naturraum „Mittelbrandenburgische Grundmoränenplatten und Niederungen". Die durch eiszeitliche Stauchmoränen gebildete Landschaft „gipfelt" mit 94 m im Telegrafenberg in der Teltower Vorstadt, während die Niederungen nur eine mittlere Höhenlage von 30 bis 35 m erreichen. Seit Jahrtausenden ist der Potsdamer Untergrund feucht und morastig, denn der Boden besteht überwiegend aus nährstoffarmem Sand, Kies und Lehm. Viele Flächen eignen sich daher kaum oder gar nicht zur Bebauung, was die Ausdehnungsmöglichkeit der Stadt zum Leidwesen des Magistrats einschränkt.

Aber so blieben auf natürliche Weise die schönsten Grünzonen erhalten. An sonnigen Wochenenden, wenn der Schloßpark von Sanssouci meist von Menschen überlaufen ist, kann man Natur pur abseits der Massen an vielen einsamen Stellen erleben, so zum Beispiel in den Landschaftsschutzgebieten Wildpark West und Golmer Luch oder im Naturschutzgebiet Königswald auf der Sacrower Halbinsel.

Klima und Reisezeit

Potsdam entfaltet seinen größten Reiz zwischen dem Frühjahr und dem späten Herbst, zwischen dem ersten Grünen der Bäume im April und den bunten Farbspielen der Natur Anfang November.

Klimatisch wird die Stadt durch ihre Lage im ostdeutschen Binnenlandklima geprägt. Die Sommer sind meistens heiß, Potsdam zählt zu den sommerwärmsten Städten Norddeutschlands. Längere Bus- und Besichtigungstouren sollte man daher in den Monaten Juli und August möglichst vermeiden. In dieser Zeit besteht auch erhöhte Waldbrandgefahr, denn die ausgedehnten Kiefernwälder der Umgebung sind knochentrocken und können durch die geringste Unachtsamkeit in Brand geraten. Die Potsdamer Winter sind dagegen meist knackig kalt, was besonders die Schlittschuhläufer und Eisfischer freut, denn obwohl die Havel ein Fließgewässer ist, frieren viele der von ihr durchflossenen Seen in harten Wintern bis zu 3 m zu.

Als klimatisch angenehmste Reisezeit empfehlen sich die Monate Mai/Juni und September/Oktober. Daß man Potsdam dann freilich mit vielen anderen Touristen zu teilen hat, muß man in Kauf nehmen.

Klima und Reisezeit

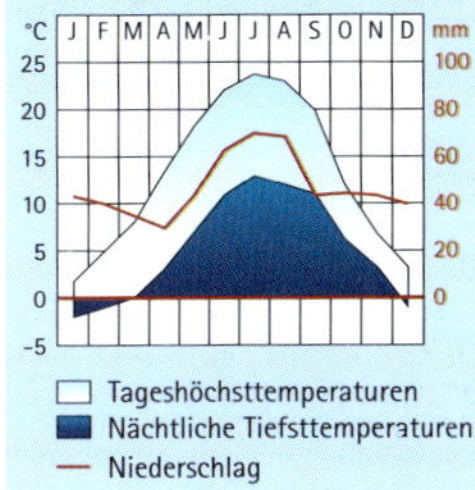

Natur und Umwelt

Potsdam ist eine Stadt mit vielen Grün- und Wasserflächen. Aus der Vogelperspektive wirkt sie wie ein buntes Mosaik, das sich aus dem Grün der Laub- und Nadelwälder, dem Rot und Grau der Hausdächer und dem Blau der Seen zusammensetzt. Die innerstädtischen Schloßparks, Wälder und Äcker machen zusammen 51 % der Gesamtfläche aus. Die Gewässer nehmen weitere 20 % ein. Dem gegenüber steht ein bebauter oder zur Bebauung freigegebener Flächenanteil von nur 29 %. Der gesamte Landschaftsgürtel um das Potsdamer Stadtgebiet steht unter Naturschutz. In diesen Arealen konnte sich eine reiche Flora und Fauna erhalten.

Allein die Mittlere Havel westlich von Potsdam ist eines der ornithologisch bedeutsamsten Gebiete des ganzen Bundeslandes Brandenburg. Im Frühjahr und im Herbst ziehen hier Schwärme von Enten und Gänsen durch. Die heimischen Wasservögel finden in der Potsdamer Seenkette, besonders am Schwielow- und am Templiner See, gute Überwinterungsbedingungen, begünstigt durch die langen, flachen Ufer und den großen Fischreichtum.

Wie man schon an den vielen Räucheraalbuden entlang der Uferzonen erkennen kann, ist der Aal der am weitesten verbreitete Havelfisch, aber auch Bleie, Karpfen, Zander und Krebse gehen den Fischern ausreichend ins Netz oder in die Reuse.

Doch wie alle Flüsse wird auch die Havel nicht von Umweltsünden verschont. Der größte Feind einer sauberen Potsdamer Seenkette ist die Landwirtschaft. Mit der Ausbringung von Gülle, Phosphat- und Stickstoffdünger verursacht sie stellenweise eine ernstzunehmende Reduzierung des Sauerstoffgehalts im Wasser. Besonders in den Ruhigwasserzonen der seenartigen Havelbuchten führt die geringere Strömungsgeschwindigkeit zu Fäulnisprozessen, die Tieren und Pflanzen die Lebensgrundlage zu entziehen drohen.

Stadtentwicklung

Ausgangspunkt der gesamten Stadtentwicklung war der Platz Am Alten Markt. Schon vor der ersten Jahrtausendwende hatten Slawen hier eine bescheidene Burg errichtet.

Nach Beendigung des Dreißigjährigen Krieges ließ der Große Kurfürst diese Burg zu einem ansehnlichen und repräsentativen Stadtschloß ausbauen, denn er hatte sich das provinzielle Potsdam zur Zweitresidenz auserkoren.

In seinem Auftrag legte der kurfürstlich-brandenburgische Planteur (wie man damals die Landschaftsarchitekten nannte) Dietrich van Langelaer vom Stadtschloß aus schnurgerade Alleen an, die stadtauswärts in die Jagdgründe der umgebenden Landschaft führten. Zwei davon, die es heute noch gibt, sind die Breite Straße und die Lindenstraße.

Nach seinem Amtsantritt im Jahr 1713 brauchte der Soldatenkönig Friedrich Wilhelm I. ein funktionierendes Zuliefergewerbe für die Ausstattung seines Heeres und außer den Kasernen noch möglichst viele Privatquartiere für seine Soldaten. So entstanden nach des Königs Vorstellung zwei neue Stadtteile, die erste und zweite barocke Stadterweiterung samt Holländischem Viertel. Stramm wie seine Soldaten standen unter Friedrich I. auch die Häuser in Reih und Glied. Das rasterartige Straßenbild in Potsdams Innenstadt zwischen Hegelallee und Charlottenstraße ist noch heute zu erkennen.

Wilhelms II. Sohn Friedrich II., genannt der Große, schließlich begründete 1744 mit Sanssouci den ersten – übrigens schon damals öffentlich zugänglichen – Schloßpark. Wegen ansteigender Bevölkerungszahlen ließ er fünf neue Viertel außerhalb der Stadtmauer anlegen und benannte sie meist nach Städten, in deren Himmelsrichtung sie lagen: die Jäger, Nauener, Berliner, Brandenburger und Teltower Vorstadt. Die drei erstgenannten wurden besonders beliebte Wohngegenden für wohlhabende Bürger und einflußreiche Höflinge, wie man an den aufwendig angelegten Häusern erkennen kann (s. S. 58).

Der letzte große Kraftakt zur Vervollkommnung der Potsdamer Kulturlandschaft begann rund hundert Jahre später mit dem kunstsinnigen König Friedrich Wilhelm IV. Wegen seiner unerschöpflichen Einfälle für neu zu erbauende Kirchen, Landhäuser und Schlösser wurde dieser Regent auch als „Romantiker auf dem Thron“ bezeichnet, weil er sich lieber mit großartigen Bauvorhaben beschäftigte als mit der Märzrevolution von 1848. Gemeinsam mit dem Baumeister Karl Friedrich Schinkel und dem Landschaftsarchitekten Peter Joseph Lenné heckte der leidenschaftliche König stets neue Pläne für seinen Traum von einem „havelländischen Arkadien“ aus. In der Art eines Gesamtkunstwerks sollte Potsdam mit seiner Umgebung zu einem einzigen großen Park verschmelzen, gespickt mit italianisierenden Kirchen, Schlössern, Villen oder Aussichtstürmen. Die meisten Vorhaben blieben Luftschlösser, doch einige bemerkenswerte Projekte wurden realisiert: Es entstanden die Sacrower Heilandskirche, die Orangerie und die Friedenskirche im Park von Sanssouci, das Dorf Bornstedt und das Belvedere auf dem Pfingstberg. Dieses Ensemble aus Bauten und Gärten wird vom Wasser der Havel umspielt.

Im Holländischen Viertel

Alle Gebäude wurden sorgfältig an exponierten Landschaftspunkten plaziert, bestimmte Baulücken absichtlich freigelassen und Schneisen in Baumbestände geschlagen, damit man von einem Bauwerk aus mehrere andere sehen konnte – die berühmten Sichtachsen, von denen Hunderte Stadt und Gärten durchziehen, waren entstanden.

Die nachgeborenen Hohenzollernregenten, wie Wilhelm I., Friedrich III. und Wilhelm II., haben diesen einmaligen Grundgedanken bis zum Ende des Kaisertums im Jahr 1918 mit dem Babelsberger Schloßpark und Schloß Cecilienhof im Neuen Garten weitergeführt.

Räucherei in Werder

Steckbrief

Einwohner: Im Oktober 1995 zählte das Statistische Landesamt 136 208 Einwohner in Potsdam.

Geographische Lage: Potsdam liegt im Herzen Europas, bei 52° 23' nördlicher Breite und 13° 03' östlicher Länge. Die durchschnittliche Höhe über dem Meeresspiegel liegt bei 35,6 m.

Fläche: Stadtkreis 109 km². In den 20er Jahren wurden die Ortsteile Bornstedt, Bornim, Nedlitz, Sacrow im Norden sowie Babelsberg und Drewitz im Süden eingemeindet. Anfang 1994 kamen auch die Ortschaften Eiche und Grube im Westen dazu.

Politische Rolle: Hauptstadt des Bundeslandes Brandenburg.

Verwaltung: Verwaltet wird Potsdam vom Magistrat der Stadt mit Sitz im Stadthaus in der Friedrich-Ebert-Straße 79/81. Kommunalwahlen finden alle fünf Jahre statt.
Die amtierende Stadtverordnetenversammlung wurde im Dezember 1993 gewählt. Daraus gingen hervor: die PDS mit 38,4 %, die SPD mit 32,4 %, die CDU mit 10,3 %, Bündnis '90/Die Grünen mit 7,1 % und die FDP mit 3,4 %. Den Oberbürgermeister stellt die SPD.

Partnerstädte: Bonn in Nordrhein-Westfalen, Opole in Polen, Bobigny in Frankreich, Jyväskylä in Finnland, Perugia in Italien, Sioux Falls in den USA.

Ein schwerer Schlag war die Bombardierung Potsdams in der Nacht des 14. April 1945 durch die Briten. Innerhalb von 20 Minuten wurden das Stadtschloß, die Garnisonkirche, das Große Militärwaisenhaus und Tausende von schönen alten Häusern zu Ruinen.

Zu DDR-Zeiten ließ die Potsdamer Bezirksregierung Aufbauwürdiges endgültig abreißen und füllte entstandene Lücken mit monströsen Plattenbauten oder gar nicht.

Damit nicht eine dritte Zerstörungswelle über Potsdam hereinbricht, ist nun Sensibilität im Umgang mit dem Vorhandenen gefordert. Das größte Bauvorhaben der nächsten Jahre im Randbereich der historischen Innenstadt ist das Potsdam-Center am Bahnhof. Doch das Projekt ist umstritten. Kritiker sagen voraus, daß durch das 88 000 m² große Potsdam-Center die historische Innenstadt wie ein großer Riegel von den Vorstädten abgetrennt wird. Das scheint einer geschichtsbewußten Landeshauptstadt wenig angemessen. Darüber hinaus leidet Potsdam trotz schwindender Einwohnerzahlen unter massiver Wohnraumknappheit. Doch nach langer Planungsphase scheint sich die Situation allmählich zu entspannen, denn zwei große Bauvorhaben stehen vor dem Abschluß. Wer von Norden über die Pappelallee nach Potsdam einfährt, passiert die Wohn- und Gartenstadt Sanssouci. Sie entsteht auf dem einstigen Kasernengelände des Bornstedter Feldes, dort, wo früher die Langen Kerls, später die Wehrmacht und zuletzt die russischen Truppen exerzierten. Ein noch ehrgeizigeres Projekt ist ein komplett aus dem Boden gestampfter Stadtteil mit 2500 Wohnungen im südlich gelegenen Kirchsteigfeld am Rande der Drewitzer Gemarkung.

Wirtschaft

Fast 300 Jahre lang wurde die Wirtschaft dieser kleinen, wohlbehüteten Stadt vom königlichen und kaiserlichen Willen der Hohenzollernfamilie bestimmt. Mit der Inthronisierung des Großen Kurfürsten im Jahr 1640 begann die besondere Förderung der Zweitresidenz Potsdam.

Die einheimischen Handwerker, Kaufleute und Künstler hatten sich alsbald darauf eingestellt. Schließlich mußten Tausende von einquartierten Soldaten genährt, bewaffnet und gekleidet, die zahlreichen Schlösser erbaut, instand gehalten und mit Waren beliefert werden. Im Stadtbild wimmelte es nur so von den stolzen goldenen Schildern der Hofkonditoreien, Hofschneidereien und anderen Hoflieferanten. Diese Protektion erlosch 1918 mit der Abdankung des letzten deutschen Kaisers, Wilhelm II. Mit der Ausrufung der Weimarer Republik begann das mühsame Leben mit dem verlorenen Nimbus.

Wie so viele ostdeutsche Kaufleute, deren Geschäft oder Firma den Zweiten Weltkrieg einigermaßen unbeschadet überstanden hatte, mußten auch die Potsdamer ihren Platz in der sozialistischen Gesellschaft finden. Entweder wurde ein Anschluß an die HO-Kette oder die Umwandlung in einen Volkseigenen Betrieb erzwungen.

Potsdams gegenwärtige Wirtschaftsstruktur ist geprägt von Dienstleistung und Verwaltung. Heute liegt die Arbeitslosenquote von 8,7 % sogar unter dem Bundesdurchschnitt. Allein durch die Ansässigkeit der Landesregierung finden hier viele Menschen eine Anstellung. Die wichtigsten und größten freien Arbeitgeber sind zur Zeit die Zentrale der ostdeutschen Landesbausparkassen, die Medienstadt Babelsberg und die Baubranche.

Fischerei und Landwirtschaft haben im Stadt- und Landkreis Potsdam nur marginale Bedeutung. Die sumpfigen und sandigen Böden geben nur wenig fruchtbare Ackerfläche her. Für die Fischerei ist ein Absatzmarkt vorhanden. 50 Berufsfischer gibt es im weiten Havelumland, die vom Verkauf ihrer Fänge leben können. Selbst ein so traditioneller Landwirtschaftszweig wie der Obstanbau in Werder ist nach der Wende drastisch zurückgegangen, denn ein Apfel wird aus Neuseeland preiswerter importiert als von einem Obstbaum im Havelland gepflückt!

Wie überall in Ostdeutschland, ist auch hier die Situation der öffentlichen Finanzen nicht gerade rosig. Seit dem Haushaltsjahr 1994 steht man ständig knapp vor dem Konkurs. Um aus dieser Misere herauszukommen, bemühen sich die Stadtoberen verstärkt um die Neuansiedlung mittelständischen Gewerbes und um den Ausbau der Mega-Mediencity Babelsberg, des traditionellen Standorts der Filmwirtschaft (s. S. 82). Auch der Tourismus spielt eine zunehmend größere Rolle, denn von seinem Erbe als jahrhundertelang bevorzugte Hohenzollernresidenz lebt Potsdam bis heute.

Es gibt noch 50 Berufsfischer im Havelumland

Die Babelsberger Filmstudios bieten für Besucher Touren an

Gartenpoet im Beamtenrock

Ihre einzigartige harmonische Ausstrahlung haben die Potsdamer Parks der genialen Schöpferkraft und dem Einfallsreichtum eines Mannes zu verdanken, der unbestritten als der größte Park- und Gartengestalter Preußens gilt: Peter Joseph Lenné (1789–1866), der schon mit 39 Jahren das höchste Amt des Königlichen Gartendirektors bekleidete und somit Chef über alle Gärten im Lande war. Eine besondere Freundschaft, wie unter schöpferisch Seelenverwandten, verband ihn mit König Friedrich Wilhelm IV., der ihn bisweilen schon in aller Herrgottsfrühe persönlich aus den Federn holte, um ihm seine allerneuesten, über Nacht ersonnenen Ideen bei einer Wanderung durch die Natur zu erläutern. Wie sein gleichaltriger Kollege und Erzrivale Hermann Fürst von Pückler-Muskau brachte Lenné neue Impulse in die Spätzeit des aus England importierten romantischen Landschaftsgartens. Wer durch den Park von Sanssouci und den Neuen Garten wandelt, kann die verschmolzene Komposition aus großzügigen Rasenflächen, sanft geschwungenen Wegen, scheinbar zufällig verstreuten Baumgruppen, in die Weite führende Sichtachsen und einer artenreichen Bepflanzung erleben – Bilder, die auch nach 150 Jahren noch Sehnsüchte wecken.

Geschichte im Überblick

10 000 v. Chr. Die ersten Menschen besiedeln die Wälder des Potsdamer Havellands.

650 v. Chr. Germanen bewohnen einen riesigen aufgeschütteten Rundwall aus Holz und Erde auf der Sacrower Halbinsel.

3. Juli 993 Potsdam wird – als „Poztupimi" – erstmals in einer Urkunde erwähnt, die der 13jährige König Otto III. (980–1002) abzeichnet.

1660 Friedrich Wilhelm, der Große Kurfürst (1620–1688), erwirbt die Insel Potsdam, erhebt die kleine Stadt zur Zweitresidenz neben Berlin und beginnt mit der umfassenden Stadt- und Landschaftsverschönerung.

8. November 1685 Der Große Kurfürst erläßt das *Edikt von Potsdam*, mit dem er den in Frankreich wegen ihres reformierten Glaubens verfolgten Hugenotten ein neues Zuhause in Brandenburg gewährt.

1713 Friedrich Wilhelm I., der Soldatenkönig (1688–1740), führt eine rigide Sparpolitik ein. Unter seiner Ägide entsteht das bewunderte und gefürchtete preußische Ideal von Zucht und Pflichttreue.

1744 Friedrich II. (1712–1786), genannt der Große, beauftragt Georg Wenzeslaus von Knobelsdorff mit dem Bau von Schloß Sanssouci. Friedrich zieht Künstler und Philosophen nach Potsdam, läßt Kirchen, Schlösser, Militärbauten und Wohnhäuser errichten.

1809 Die kurmärkische Regierung wird nach Potsdam verlegt. Damit verliert Potsdam etwas den Kasernencharakter und wird immer mehr zu einer Beamtenstadt.

1839 wird auf dem Streckenabschnitt Berlin–Potsdam die erste preußische Bahnlinie eröffnet.

5. Dezember 1848 Nach Unterdrükkung der revolutionären Aufstände unterzeichnet Friedrich Wilhelm IV. (1795–1861) in Schloß Sanssouci die Verfassung, mit der Preußen in eine konstitutionelle Monarchie umgewandelt wird.

1861 Unter der Regentschaft des später zum Kaiser proklamierten Wilhelm I. (1797–1888) wird Schloß Babelsberg zur Sommerresidenz.

Oktober 1897 Adolf Slaby und Georg Graf von Arco gelingt die Übermittlung eines Funktelegramms von der Sacrower Heilandskirche zur kaiserlichen Matrosenstation Kongsnaes. Sie erfinden den drahtlosen Antennenverkehr, der die Radiotechnik ermöglicht.

1910/1911 Graf Zeppelin wohnt in Potsdam und betreut die Errichtung eines Motor-Luftschiffhafens am Ufer des Templiner Sees. Während des Ersten Weltkriegs werden hier auch Kriegsluftschiffe gebaut.

1912 Karl Liebknecht kandidiert als Reichstagsabgeordneter für die SPD im sogenannten Kaiserwahlkreis, zu dem auch Potsdam gehört. Trotz heftiger Anfeindungen seitens der konservativen und monarchietreuen Beamtenschaft gewinnt er die Wahl.

9. November 1918 Wilhelm II. (1859–1941) dankt ab, Scheidemann ruft in Berlin die Republik aus.

21. März 1933 Am Tag von Potsdam findet in der Garnisonkirche ein Festakt statt, mit dem die Nationalsozialisten versuchen, sich in die preußische Tradition zu stellen. Die Inszenierung gipfelt in dem berühmten Händedruck zwischen Hitler und dem betagten Reichspräsidenten Paul von Hindenburg.

9. November 1938 Während der Reichspogromnacht verwüsten die

Nationalsozialisten die Synagoge und plündern die Trauerhalle auf dem Jüdischen Friedhof.

14. April 1945 Kurz vor Ende des Zweiten Weltkrieges wird Potsdam in der Nacht von der Royal Air Force bombardiert. Innerhalb von 20 Minuten gehen 1750 t Spreng- und Brandbomben auf die Stadt nieder und richten ein entsetzliches Inferno an.

30. April 1945 Die Rote Armee erobert die Stadt. Potsdam liegt in der russischen Besatzungszone.

17. Juli–2. August 1945 Im Schloß Cecilienhof verhandeln die alliierten Mächte über das Schicksal Deutschlands. Das Verhandlungsergebnis, das *Potsdamer Abkommen*, bewirkt die politische und ökonomische Trennung Deutschlands in zwei Teile.

1952 Im Rahmen einer Umstrukturierung der Verwaltung, die auf dem gesamten Gebiet der DDR jahrhundertealte Landes- und Stadtgrenzen auflöst, wird Potsdam zur Bezirkshauptstadt des größten DDR-Bezirks.

Oktober 1961 Mit dem Bau der Berliner Mauer wird die weiträumige Potsdamer Kulturlandschaft, zu der kulturhistorisch gesehen auch Berliner Terrain gehört, zerschnitten.

1991 Die UNESCO nimmt die gesamte Potsdamer Schlösser- und Parklandschaft in die *Liste des Kultur- und Naturerbes der Welt* auf.

1. April 1992 Wiederaufnahme der S-Bahn-Verbindung Potsdam–Berlin.

1993 1000-Jahr-Feier.

5. Mai 1996 Die Vereinigung der Bundesländer Berlin und Brandenburg wird mehrheitlich von den Brandenburgern bei der Volksabstimmung abgelehnt. In Potsdam stimmen 65,2 % mit Nein und 34,3 % mit Ja.

Friedrich der Große als Kronprinz (Gemälde von Antoine Pesne, 1736)

Karl Liebknecht gewinnt 1912 im sogenannten Kaiserwahlkreis die Wahl zum Reichstag

Schloß Cecilienhof war 1945 Ort des Potsdamer Abkommens

Kultur gestern und heute

Bildende Kunst

Seine unverwechselbare Architektur und Landschaftsgestaltung erhielt Potsdam durch die preußischen Könige und Kaiser, die hier vom Barock bis zum Niedergang der Monarchie im Jahr 1918 ihre Schlösser, Villen und Kirchen bauten. An Potsdams Schloß- und Gartenanlagen, die zu den hervorragendsten Leistungen des 18. und 19. Jhs. in Europa gehören, waren die bedeutendsten Künstler der Zeit beteiligt. Unter Friedrich dem Großen, der vor allem mit dem Bau von Schloß Sanssouci in Verbindung gebracht wird, wirkten die Architekten Georg Wenzeslaus von Knobelsdorff, Johann Gottfried Büring, Heinrich Ludwig Manger und Carl von Gontard. Für die malerischen und bildhauerischen Arbeiten, die zur Ausstattung der Schlösser erforderlich wurden, warb Friedrich auswärtige Künstler an. Die prominentesten unter ihnen waren der Pariser Maler Antoine Pesne und der Straßburger Dekorationsbildhauer Johann August Nahl. Die Epoche des Klassizismus und der Romantik prägten unter Friedrich Wilhelm III. und seinem Sohn, Friedrich Wilhelm IV., in erster Linie die beiden kongenialen Köpfe Karl Friedrich Schinkel und Peter Joseph Lenné, der eine als oberster preußischer Baumeister, der andere als Königlicher Gartendirektor. Da Potsdam keine eigene Bildhauerschule besaß, verpflichtete man zur Skulpturen-Ausstattung der höfischen Räume und Parks den Begründer der Berliner Bildhauerschule Christian Daniel Rauch. Der Historismus im ausgehenden 19. und beginnenden 20. Jh. wurde weitgehend bestimmt von den Schülern dieser Künstler, darunter den Architekten Friedrich August Stüler und Ludwig Persius, den Gärtnern Gustav Fintelmann und Gustav Meyer sowie den Bildhauern Reinhold Begas und Gustav Blaeser. Nach der Abdankung Kaiser Wilhelms II. verfiel Potsdam in einen Dornröschenschlaf.

Fast drei Jahrhunderte war die Stadt von allerhöchster Seite aufgebaut und protegiert worden. Die gewohnte Fürsorge von seiten der Hohenzollern fiel nun weg, und die am Hof beschäftigten Künstler wanderten in größere deut-

Des Königs „lange Kerls"

Nicht umsonst erhielt Friedrich Wilhelm I. den Beinamen *Soldatenkönig,* denn er liebte das Militär und machte aus Potsdam eine Garnisonstadt. Historiker vermuten, daß hier um 1740 jeder vierte Einwohner „den bunten Rock" trug. Des Königs liebste Kinder aber war eine besondere Elitetruppe, deren Mitglieder wegen ihrer aufragenden Körpergröße *lange Kerls* genannt wurden. Die Kerls wurden aus allen Ländern Europas angeworben, bei besonders schönen Prachtexemplaren, die nicht recht willig waren sich für Preußens Paradetruppe zu verdingen, wurde mit List und Gewalt auch schon mal ein bißchen nachgeholfen. Teuerster Grenadier soll der Ire James Kirland gewesen sein, für den der ansonsten geizige König schlanke 9000 Reichstaler an dessen Landesherrn zahlte.

Natürlich gibt es auch heute wieder in Potsdam einen Verein, der die Tradition der Langen Kerls ganz besonders pflegt und seine Mitglieder gelegentlich für öffentliche oder private Feiern ausleiht.

Bewerber sollten wissen: Es werden nur gutgebaute Hünen genommen – Mindestmaß 1,90 m!

sche Kunstzentren wie Berlin und München ab. Zwar zog von 1921 bis 1925 die große Expressionismus-Ausstellung „Potsdamer Kunstsommer“ noch einmal alljährlich viel Aufmerksamkeit auf sich, aber die gezeigten Maler wie Vincent van Gogh, Olaf Gulbransson und die Berliner Sezessionisten Max Liebermann und Lovis Corinth, mit Ausnahme von Adolf Menzel, hatten keine Anbindung an Potsdam und konnten der Kunstszene dort kein neues Leben einhauchen. Wichtigstes malerisches Werk der Klassischen Moderne ist das Wandbild „Körper, Geist und Seele“, das Oskar Schlemmer 1937 für das heute privat bewohnte Bornimer Wohnhaus des Gartenarchitekten Hermann Mattern ausführte.

Es fällt auf, daß sich in den 30er und 40er Jahren kein bedeutender Künstler in Potsdam niederließ. Man suchte eher die Anbindung an das geistig regere Berlin und wohnte, wenn man es sich leisten konnte, in den nahen Vororten wie Zehlendorf oder Kladow. Die nationalkonservativ geprägte, steife Atmosphäre in Potsdam scheint freiem Künstlertum nicht eben förderlich gewesen zu sein.

Seit 1990 erlebt die junge Kunstszene in der Stadt einen deutlichen Aufschwung. Auf Vernissagen kann man erleben, wie sich Angestammtes verändert, mit fremden Einflüssen mischt und sich daran reibt. Besondere Orte in historischem Ambiente, wie beispielsweise die Galerie Sperl im Holländischen Viertel oder die galerie mike geßner in einer maroden Straße der barocken Altstadt verleihen den Veranstaltungen dabei eine ganz besondere Stimmung (Adressen s. S. 30). Einer der wenigen Freiräume außerhalb der strengen Strukturen des Kunstmarktes ist die Kunstfabrik, die einem unkonventionell eingestellten Publikum allerlei Performances und Ausstellungen bietet (Hermann-Elflein-Str. 10, 🕓 keine festen Öffnungszeiten, ☎ 2 80 04 89).

Der Baumeister und Maler Georg Wenzeslaus von Knobelsdorff

Karl Friedrich Schinkel, Architekt und Maler

Der Soldatenkönig Friedrich Wilhelm I.

Literatur

Eine ernsthafte Beschäftigung mit Literatur begann in Potsdam eigentlich erst ab 1740 mit Friedrich dem Großen. Das Problem war nur, daß sich der philosophisch interessierte Regent ausschließlich mit französischer Literatur befaßte. Inspiriert von seinem Freund Voltaire verfaßte er Gedichte und Traktate (s. S. 43). Die deutsche Sprache hingegen empfand er als plump und unmodern. Nur so konnte es passieren, daß sich 1755 kein Geringerer als Gotthold Ephraim Lessing für ein paar Monate in Potsdam aufhielt und in aller Abgeschiedenheit die erste deutschsprachige Tragödie „Miss Sara Sampson" verfaßte, ohne daß überhaupt jemand davon Notiz nahm.

Zur Zeit der Klassik und der Romantik spielte sich an literarischen Höhepunkten fast alles in der benachbarten Hauptstadt Berlin ab, wo selbstbewußte Frauen wie Henriette Herz und Rahel Varnhagen von Ense ihre Salons führten und Philosophen und Theologen wie Johann Gottlieb Fichte und Friedrich Schleiermacher einer weltoffenen Debattierlust frönten. Schon hier wird deutlich, daß große literarische Entwicklungen immer in der Nähe Potsdams stattfanden, aber eben haarscharf daran vorbeigingen. Es mag wohl an der militärischen und national-konservativen Ausrichtung dieser Kleinstadt gelegen haben, die eben einen sensiblen und kreativen Geist nicht zu inspirieren vermochte. Einzig Alexander von Humboldt hatte eine eigene Wohnung im Potsdamer Stadtschloß und nächtigte zwischen 1835 und 1840 zeitweilig auch in dem berühmten Zeltzimmer von Schloß Charlottenhof, wo er Teile seines naturwissenschaftlichen Hauptwerkes „Kosmos – Entwurf einer physischen Weltbeschreibung" verfaßte.

Theodor Fontane, der Potsdam im Rahmen seiner „Wanderungen durch die Mark Brandenburg" in den 60er Jahren des 19. Jhs. mehrfach Besuche abstattete, schien die Stadt in ihrer Verkörperung von Pflichtbewußtsein und Ordnungssinn nicht ganz geheuer zu sein. Leicht fröstelnd schrieb er beim Anblick der Garnisonkirche: „... und am Horizont stand in scharfer Linie steifgrenadierhaft die Garnisonkirche von Potsdam: das Symbol des Jüngstgeborenen im alten Europa, des Militärstaats Preußen." Die einzige Ausnahme machte Fontane bei dem Dörfchen Bornstedt, in dessen verwunschene Atmosphäre er sich richtiggehend verliebte.

Ein kurzes Gastspiel gab auch Theodor Storm, der von 1853 bis 1856 in der Benkertstraße 15 im Holländischen Viertel wohnte. Wegen seines Engagements für die schleswig-holsteinische Unabhängigkeit geriet er in Streit mit den dänischen Behörden und ließ sich in der Folge an das Kreisgericht Potsdam versetzen, denn von „richtigem Berufe" war Storm Jurist. Poetisch angeregt vom Reiz der königlichen Parkanlagen und der Havellandschaft verfaßte er hier die drei Novellen „Im Sonnenschein", „Angelica" und „Wenn die Äpfel reif sind".

Ab 1919 war die Villa in der heutigen Geschwister-Scholl-Straße 54 zeitweiliger Sitz des Verlags Gustav Kiepenheuer. Hier erschien die Zeitschrift „Das Kunstblatt" und die Graphik-Edition „Die Schaffenden". Bei Kiepenheuer arbeitete der gebürtige Potsdamer Hermann Kassack (1896–1966) als Lektor. In den 30er Jahren trat er selbst als Schriftsteller in Erscheinung. 1933 belegten ihn die Nazis mit Schreibverbot. Resigniert und abgestoßen hielt er seinen Eindruck von Potsdam im Tagebuch fest: „Hier herrscht das sagenhafte Sparta, also die Leblosigkeit, die den Menschen zum Sklaven der Staatsmaschinerie macht." Vielen Potsdamern aus DDR-Zeiten noch ein Begriff ist der Schriftsteller Bernhard Kellermann, der 1913 mit seinem technisch-utopischen Roman „Der Tunnel" einen Welterfolg errang. Kellermann lebte im Potsdamer Ortsteil Klein-Glienicke und begründete 1945 den linksstehenden „Kulturbund zur demokratischen Erneuerung Deutschlands".

Schloß Charlottenhof, 1826 von Friedrich Wilhelm III. erworben

Seit der Wende tut sich einiges in Sachen Förderung der literarischen Szene. So hat seit 1994 beispielsweise das Brandenburgische Literaturbüro seinen Sitz in Potsdam genommen (Hegelallee 53, Druckhaus Stein, ☎ 2 80 41 03). Die vom Kulturministerium geförderte Einrichtung entwickelt allmählich offene und interessante Lesekreise, die sich den zeitgenössischen Autoren des Landes widmen. Unter Mitwirkung von Bärbel Bohley, Margarete von Trotta und Daniel Cohn-Bendit wurde jüngst im gleichen Haus die Peter-Weiss-Stiftung gegründet, die sich ganz im Sinn des 1916 in Babelsberg geborenen Dramatikers dem spannungsgeladenen Verhältnis zwischen Schreibkunst und Politik verschrieben hat.

Theater

Wer sonst als der kunstbeflissene Friedrich der Große hätte das Theater in Potsdam heimisch machen können? Während die Aufführungen anfänglich im Komödiensaal des Stadtschlosses stattfanden, diente ab 1768 das elegan-

Im Sizilianischen Garten

Preußens Wasserkünste

Besonders im Sommer, wenn die Besucher der drei großen Parkanlagen Sanssouci, Babelsberg und Neuer Garten kühles Naß begehren, sind meterhohe, stolze Wasserfontänen, lustig plätschernde Springbrunnen und stille Wasserbecken äußerst beliebte Anziehungspunkte. Allein in diesen drei Parks unterhält die Schlösserstiftung insgesamt an die 60 Fontänen und Speier. Sie alle werden täglich zwischen 10 und 19 Uhr ausschließlich mit Havelwasser gespeist. Das unterirdische Leitungsnetz im Park Sanssouci zum Beispiel entstand größtenteils um die Mitte des 19. Jhs. Für die Verteilung sorgen die Pumpen im historischen Wasserwerk in der Moschee an der Havelbucht (s. S. 48). Nachts wird das Wasser von dort in den 5925 m³ fassenden Hochbehälter auf dem Ruinenberg bei Schloß Sanssouci gepumpt, damit es anderntags wieder bergab zu allen Brünnlein fließen kann.

te, rokoko-plüschige Schloßtheater im Neuen Palais dem Vortrag französischer und italienischer Werke, die Friedrich bevorzugte.

1795 fiel dann der erste Vorhang im Königlichen Schauspielhaus, das Friedrich Wilhelm II. von seinem Architekten Carl Gotthard Langhans hatte erbauen lassen. „Dem Vergnügen der Einwohner“, so stand es über dem Portal, und dieses Theater war tatsächlich das erste deutschsprachige und bürgerliche der Stadt.

Die Kanaloper, wie die Potsdamer das Haus wegen seiner Lage am Stadtkanal salopperweise nannten, wurde 1945 zerstört, ihre Reste 1951 abgeräumt. Im Jahr darauf eröffnete das Hans-Otto-Theater in der Zimmerstraße 10. Es erhielt den Namen des Berliner Schauspielers, der aktiv als KPD-Mitglied Widerstand gegen die Nazis leistete. Er wurde deshalb 1933 von der Gestapo verhaftet, gefoltert und am 24. November ermordet.

1991 wurde das häufig umgebaute Haus, das ursprünglich aus dem Tanzlokal „Zum alten Fritz“ hervorgegangen war, baupolizeilich gesperrt. Schauspieler und Orchester zogen in das allseits als „Blechbüchse“ betitelte Metallzelt Am Alten Markt. Von Anfang an war die „Blechbüchse“ als Provisorium gedacht, denn die Stadt behält sich eine Entscheidung über die Nutzung des Geländes, auf dem das ehemalige Stadtschloß stand, vor.

Doch Potsdams Schauspielkunst steht seitdem im Zeichen der Tragödie, denn die dünnen Blechwände können die Geräusche der Außenwelt nicht genügend abdämmen: Während des Rezitierens Schillerscher Verse hört man schon mal Vögel zwitschern oder ein Martinshorn jaulen. Nach Meinung des Intendanten Stephan Märki eignet sich

Festkalender

Über den genauen Beginn und den Kartenverkauf vieler Feste und kultureller Veranstaltungen kann man sich neben dem Veranstalter auch immer bei der *Potsdam-Information* erkundigen (Friedrich-Ebert-Str. 5, 14467 Potsdam, 🕓 April bis Okt. Mo–Fr 9–20, Sa–So 9–18 Uhr, Nov. bis März Mo–Fr 10–18, Sa–So 11–15 Uhr, ☎ 29 11 00).

Mitte/Ende April: *Flottenparade.* Eröffnung der Sommersaison mit einer Korsofahrt der Weißen Flotte und Berliner Flottenverbände auf der Havel (☎ 2 80 00 32 oder 2 37 52 45).

Letzte Aprilwoche und erste Maiwoche: *Baumblütenfest.* Traditionsreiches Volksfest rund um den havelländischen Obstwein auf der Altstadtinsel in Werder (s. S. 90).

Anfang Mai–Ende September: *Potsdamer Hofkonzerte.* Etablierte Kammermusikreihe in Sälen der schönsten Schlösser und Kirchen. Musik aus der Zeit Friedrichs des Großen mit weltbekannten Ensembles (Konzertagentur Heidenreich, Plantagenstr. 11, ☎ 7 48 06 05).

Mai bis September: *Potsdamer Arkadien.* Open-air-Reihe auf der Freundschaftsinsel mit einem bunten Reigen guter Unterhaltung, Konzerten etc.

Mitte Mai und Anfang September: *Töpfermarkt* im Holländischen Viertel.

Juni: *Musikfestspiele Potsdam-Sanssouci.* Zwei Wochen mit klassischen Konzerten in schönstem historischem Ambiente jeweils unter einem aktuellen Thema. Konzertkasse: ☎ 29 31 75.

Mitte Juni: *Europäischer Salon für Liebhaber des jungen Films – Filmfestival Potsdam.* Eine Woche rund um das Kino für Anhänger des zeitgenössischen europäischen Films. Das Wettbewerbsprogramm wird im Filmmuseum gezeigt (Veranstal-

die „Blechbüchse“ eher für Techno-Partys und Segelschiff-Ausstellungen. Zur Überwindung der Misere wird nun nach einem ganz neuen Theaterkonzept für Potsdam gesucht.

Die Potsdamer Off-Szene hat sich unter dem Namen Waschhaus in der Schiffbauergasse etabliert. In der gewollten Schmuddeligkeit, zwischen Graffiti, Müll und Wildwuchs, bieten junge Kreative internationales zeitgenössisches Tanztheater, Puppenspiel, Buchlesungen, Life-Konzerte und Diskotheken.

An die alternativen Performances in den Räumen einer provisorischen Baracke oder einer alten Armeewäscherei hat sich mittlerweile jedermann gewöhnt, und die Einrichtung ist aus Potsdam nicht mehr wegzudenken (Kartenverkauf und Programm: Mi ab 22 Uhr [auch zwischendurch mal versuchen!], ☏ 2 71 56 26).

ter: Van Dielen/Bernstein GmbH, Friedrich-Ebert-Str. 90, ☏ 2 80 12 71 oder 2 80 12 72).

Mitte Juni: *Böhmisches Weberfest.* Volksfest auf dem Weberplatz in Babelsberg mit mittelalterlichem Handwerk und kulinarischen Genüssen, Puppentheater, Gauklerauftritten und Ritterkämpfen.

Mitte Juni: *Potsdamer Citylauf.* Laufroute über eine Preußische Meile (7532,48 m) durch die Innenstadt.

Ende August: *Potsdamer Hafenfest.* Showprogramm und Unterhaltung rund um alles Maritime, am Hafen der Weißen Flotte an der Langen Brücke (☏ 2 80 00 32 oder 2 37 52 45).

Ende September/Anfang Oktober: *Potsdamer Oktoberfest.* Kirmesrummel auf dem Luisenplatz mit Break Dance, Geisterbahn und Kinderkarussell.

Zum Volksfest auf den Weberplatz

Man spielt in der „Blechbüchse“

Töpferwerkstatt

Essen und Trinken

Die Potsdamer Köche haben sich mittlerweile auf Gäste eingestellt, die nach anstrengenden Kultur-Rundgängen und Besichtigungen gut essen und trinken wollen. Obwohl das Niveau nach wie vor bei weitem nicht auf der Höhe von Berlin liegt, wird das Angebot aus Küche und Keller immer besser und vor allem auch immer differenzierter. Alle naselang kommt ein neues, interessantes Restaurant oder Café dazu.

Besonders die Lokale in der Umgebung Potsdams erfreuen ihre Gäste oft durch ihre wundervolle Lage am Wasser. Kaum etwas ist schöner, als nach einer schweißtreibenden Fahrradtour auf der Sonnenterrasse des Petzower Schlosses auszuruhen oder im Caputher Fährhaus direkt an den Ufern der Havel einzukehren und Lukullisches zu genießen.

Auch die ausländische Küche hält in letzter Zeit verstärkt Einzug. Witzigerweise gibt es in Potsdam die meisten asiatischen Restaurants im ganzen Land Brandenburg, und der obligatorische Döner beim stets freundlichen Türken auf dem Markt am Bassinplatz hat Potsdam schon längst erobert. Insgesamt dominiert das Märkisch-Deftige mit Fisch, Bergen von Fleisch, Bratkartoffeln und Salatbeilage. Hier eine Auswahl der schönsten Etablissements:

Für die feine Zunge

Schloßhotel Cecilienhof, Im Neuen Garten, ⌚ tgl. 12–23 Uhr, ☎ 3 70 50. Fein gespeist wird in den holzgetäfelten Speiseräumen der letzten deutschen kaiserlichen Majestäten. Besonders hervorzuheben sind die leckeren Desserts aus der hauseigenen Patisserie. Den anschließenden Spaziergang in der wunderschönen Umgebung des Neuen Gartens gibt es gratis dazu. $$$

Restaurant im Hotel Bayerisches Haus, Im Wildpark 1, ⌚ tgl. 7–23 Uhr, ☎ 96 37 90. Schon die Anfahrt durch den tiefen Wald ist ein Erlebnis. Das historische Haus ist ein Präsent Friedrich Wilhelms IV. an seine Gemahlin aus dem Hause Wittelsbach. Die Gerichte sind aus deutschen Landen bzw. aus aller Welt. $$

Restaurants und Kneipen

Erasmus, Kurfürstenstr. 14, ⌚ tgl. 11–24 Uhr, ☎ 2 70 98 05. Gemütliches Kneipenrestaurant in einem Haus des Holländischen Viertels; Küchenspezialitäten aus Holland und Brandenburg mit wechselnden Tagesgerichten à la preiswerte Hausmannskost. Einmal monatlich Veranstaltung „Humanistische Gespräche“ zu verschiedenen Themen. $

Café Midden, Mittelstr. 11, ⌚ tgl. 12–24 Uhr, ☎ 2 80 04 49. Gemütliches Bistro-Café im Holländischen Viertel für Leute zwischen 20 und 40. Es gibt schmackhafte Kleinigkeiten. $

Café-Bistro im Filmmuseum, Breite Straße, Im Marstall, ⌚ So–Do 9–1, Fr–Sa 9–2 Uhr, ☎ 2 70 20 41. Appetitliche und nicht überzogene französische und italienische Küche mit großem Weinsortiment zu akzeptablen Preisen; für einen netten Schnack zum Abendessen immer geeignet. $

Luise, Luisenplatz 6, ⌚ Mo–Sa 8–23, So 8–18 Uhr, ☎ 2 27 97. Eines der nettesten und immer gut besuchten Restaurants mitten in der Stadt. Die Küche hat italienischen Einschlag und täglich ein preiswertes Angebot, von dem man soviel nachordern kann, wie ein echter deutscher Magen es schafft. $

Waage, Am Neuen Markt 12, ⌚ Mi 18–1, Do–Mo 12–1 Uhr, ☎ 2 70 96 74. In den modern renovierten, aber histo-

rischen Räumen der alten Ratswaage, mit leckerer Küche quer durch Deutschland, Italien und Frankreich, kocht einmal in der Woche ein Potsdamer Künstler. ($)

Froschkasten, Kiezstr. 4, ◷ Mo–Sa 12–24, So 10–22 Uhr, ☎ 29 13 15. Gemütliche Kneipe mit Gelegenheit für kleine Snacks. Brot und Kuchen sind selbstgebacken. ($)

Badische Weinstube, Gutenbergstr. 90, ◷ tgl. ab 12 Uhr, ☎ 2 61 70. Kleines, gutbürgerliches Weinrestaurant, das im hohen preußischen Norden zwar etwas „exotisch" wirkt, für eine abendliche Einkehr aber zu empfehlen ist. ($)

Kartoffel-Pub, Schillerplatz 21, ◷ Fr–Sa 16–24, So 12–24 Uhr, und Großbeerenstr. 107, Babelsberg, ◷ So bis Do 11–2, Fr–Sa 11–4 Uhr, ☎ 61 30 94. Zwei nette Gaststätten, die sich auf alles Genießenswerte rund um die Kartoffel spezialisiert haben. Der Hit ist das tschechische Schwarzbier; ab und zu ertönt Live-Musik dazu. ($)

Das Kleine Schloß mit gleichnamiger Gaststätte

Kleines Schloß, Im Park Babelsberg, ◷ tgl. 11 bis 21 Uhr, ☎ 7 51 56. Idyllisch am Havelufer gelegenes Häuschen in neugotischem Stil, das Friedrich III. als Kronprinz bewohnte. Die Küche hat regionalen Charakter; an Wochenenden wird es schwer, ein freies Plätzchen zu ergattern. ($)

Unicat, Karl-Liebknecht-Str. 26, Babelsberg, ◷ Mo–Fr 8.30–1, Sa 10–1, So 11–1 Uhr, ☎ 7 48 21 48 oder 7 48 21 49. Urige Schummeratmosphäre, vor allem zur Winterszeit höchst gemütlich und gut besucht. Vielseitige Küche mit täglich wechselnder Karte. ($)

La Madeleine, Lindenstr. 9, ⌚ tgl. 12–23 Uhr, ☎ 2 70 54 00. Schön eingerichtete Crêperie mit über 40 verschiedenen Crêpes von salzig bis süß nach bretonischen Rezepten. $

Märkisch gemütlich

Manchmal hat man den Eindruck, daß die „neuen“ Märker nicht so recht wissen, was genau die regional angestammte Küche ausmacht, steht doch der Sinn eher nach dem, was man jahrzehntelang entbehren mußte. Doch auch in Potsdam gibt es Restaurants, die einheimische Gerichte auf dem Plan haben. Bei gebratenem Havelzander mit lauwarmem Specksalat, Pökelrippchen mit Aalmeerrettich oder Kartoffelpuffern „Alter Fritz“ kann man sich an die herzhafte Schmackhaftigkeit der märkischen Erzeugnisse gewöhnen.

Bacchuskeller, Am Alten Markt 9, ⌚ Mo–Sa 18–24 Uhr, ☎ 2 31 35. In den niedrigen und urgemütlichen Kellergewölben des Alten Rathauses bietet dieses Weinlokal eine gutbürgerliche Küche von fein bis rustikal, auf Wunsch vom Grill. $

Alter Stadtwächter – Kurth's Wirtshaus, Schopenhauerstr. 33, ⌚ Mo–Fr 11.30–24, Sa 11.30–1 Uhr, ☎ 80 46 38. Deutsche und märkische Fisch- und Wildgerichte; gutbürgerlich, mit Grill im Restaurant. Im Sommer mit Garten. $

Zum Fliegenden Holländer, Benkertstr. 5, ⌚ tgl. ab 10 Uhr, ☎ 27 50 30. Liebevoll gemachte Restaurant-Kneipe der Berliner Kindl-Brauerei mit offener Holzgalerie. $

Kaffee und Kuchen

Cafe Heider, Friedrich-Ebert-Str. 29, ⌚ Mo–Fr 8 bis open end, Sa–So 9 Uhr bis open end, ☎ 2 70 55 96. Empfehlenswertes und beliebtes Etablissement im Wiener-Kaffeehaus-Stil in einem geschichtsträchtigen Haus des Holländischen Viertels. Vom Frühstück über Kaffee und Kuchen bis zum herzhaften Abendbrot kann man hier alles bekommen. $

Café im Drachenhaus, Maulbeerallee im Park Sanssouci, ⌚ April bis Okt. tgl. 11–19, Nov. bis März tgl. 11–18 Uhr, ☎ 29 15 94. Kleines Café mit selbstgebackenem Kuchen, zur Stärkung bei einem längeren (oder kürzeren) Parkspaziergang bestens geeignet. Wegen des großen Andrangs rund um Sanssouci an sommerlichen Wochenenden meistens überfüllt. $

Ausländische Küche

Juliette, Jägerstr. 39, ⌚ tgl. 11.30 bis mindestens 23 Uhr (Küchenschluß), ☎ 2 70 17 91. Urgemütliche und feine Cuisine française von Lammkarree bis zur Crème brûlée; unbedingt reservieren. $$

Ristorante Villa Kellermann, Mangerstr. 34–36, ⌚ Di–So 12–24 Uhr, ☎ 29 15 72. Die zur Zeit gehobenste Dinierempfehlung für laue Sommerabende, denn in der alten Gründerzeitvilla bietet Patron Maximilian italienische Küche nebst einer Terrasse mit Blick auf den Heiligen See und das Marmorpalais; für frische Pasta muß man zuweilen sehr viel Geduld mitbringen. Wer nichts essen möchte, kann sich einfach mit einem Glas Bardolino ins Gras unterhalb der Terrasse setzen und das einzigartige Ambiente am Wasser genießen. $$

La Pizzeria, Gutenbergstr. 90, ⌚ Mo–Sa 11.30–15 und 17.30–24, So 12–24 Uhr, ☎ 29 61 70 oder 2 80 04 29. Unspektakuläre, nette Pastaschmiede mit rot-weiß-karierten Tischdecken und Chianti Classico. $

Restaurant Shanghai, Kurfürstenstr. 52, ⌚ tgl. 11.30–23 Uhr, ☎ 2 80 05 59. Beliebtes chinesisches Restaurant im „Haus der Deutsch-Sowjetischen Freundschaft“. Der Service ist freundlich und der Teller voll. Obligatorisch sind auch die zwei riesigen Plastiklöwen vor der Tür. $

Ausflugslokale und Biergärten in der Umgebung

Ein Trip in die landschaftlich reizvolle Umgebung Potsdams ist beim auch nur kleinsten Sonnenstrahl immer eine schöne Unternehmung.

Man braucht gar nicht weit zu fahren, um festzustellen, daß die Gastronomie der havelländischen Dörfer meist noch kräftig vom Charme des Unvollkommenen regiert wird. Hier einige empfehlenswerte Gaststätten:

Altes Fährhaus, Straße der Einheit 88, 14548 Caputh, 🕓 April bis Okt. tgl. 12–24, Jan. bis März Sa–So 12 bis 20 Uhr, ☎ 03 32 09/7 02 03. Hier ist es wie im Urlaub! Während man sich je nach Saison frischen Aal, Zander oder Scholle auf der Zunge zergehen läßt, kann man die vorbeituckernden Schiffe (bei Sonnenuntergang!) auf dem Schwielowsee beobachten. Am besten nimmt man sich Fontanes „Wanderungen durch die Mark Brandenburg" mit und liest das Kapitel zu Caputh. ($)

Knappen-Schänke, Dorfstr. 35, 14522 Philippsthal, tgl. 10–24 Uhr, ☎ 01 71/6 42 22 39 oder 8 02 83 65. Mittelalterliche Küche in entsprechender Umgebung; am Wochenende mit Ritterturnieren im Hof sowie musikalischen und tänzerischen Darbietungen von Gauklern. ($)

Truhe, Straße des Friedens 73, 14557 Langerwisch, 🕓 Di–So 11–22 Uhr, ☎ 03 32 05/31 15. Familie Fritz bietet gute rustikale deutsche Küche und selbstgebackene Kuchen; mit nettem Sommergärtchen (auch Pensionsbetrieb). ($)

Wein-Schmiede, Luckenwalder Str. 4 a, 14552 Fresdorf, 🕓 Fr 16–22, Sa, So, Fei 12–23 Uhr, ☎ 03 32 05/4 67 95 oder 0 30/8 01 21 05. Elisabeth und Dietmar Kiele schenken Wein aus, dazu gibt es Salate und selbstgemachten kalten Braten in urig-gemütlicher Atmosphäre einer alten Schmiede, so richtig auf dem Dorfe. ($)

Unterkunft

Noch ist die Anzahl der Unterkünfte direkt in Potsdam recht knapp, ein Umstand, der sich allmählich zu bessern beginnt. Auch in qualitativer Hinsicht werden die Angebote komfortabler. Da ist eine Residenz im grünen Potsdamer Umland eine echte Alternative. So kann man dem Kleinstadtstreß entgehen, in der schönen Havellandschaft durchatmen und im Sommer nach getaner Arbeit oder ermüdenden Touren noch schnurstracks in einen der vielen Seen springen.

Legendäres

Schloßhotel Cecilienhof, Im Neuen Garten, ☎ 3 70 50, FAX 29 24 98. Englischer Landhausstil, luxuriös und mitten im Park. Mit feinem Restaurant für die gehobene Brieftasche in den ehemaligen Speiseräumen kaiserlicher Hoheiten; Tagungsräume. ($))

Seidler art'otel, Zeppelinstr. 136, ☎ 9 81 50, FAX 9 81 55 55. Nichts für Leute, die es plüschig mögen! Statt dessen Wohnen in einem Zusammenspiel aus denkmalgeschütztem Speichergebäude und einem Neubau. Zimmer in formal strengem Design mit ästhetisch-künstlerischem Anspruch für die man sein Geld hinlegen muß. 5 Min. Fußweg zum Zentrum, Havelterrasse, Restaurant und Bar, Tagungsateliers. ($))

In der Innenstadt

Hotel Voltaire, Friedrich-Ebert-Str. 88, ☎ 2 31 70, FAX 2 31 71 00. Elegantes und brandneu eingerichtetes Gründerzeithaus im Hofgarten-Karree mit 146 Zimmern und Suiten. Das Restaurant *Orangerie* mit einem Palmenpavillon ist besonders schön. ($))

Parkhotel Potsdam, Forststr. 80, ☎ 9 81 20, FAX 9 81 21 00. Direkt am Schloßpark von Sanssouci; wer abends gerne in historischer Kulisse joggt, ist hier richtig. First-class-Zimmer, mit allem, was dazugehört. Tagungsräume, Fitneßraum, Restaurant. ($))

Hotel Mercure, Lange Brücke, ☎ 27 22, FAX 2 72 02 33. Hotelhochhaus direkt am Havelufer, dem man trotz allem Komfort den einstigen Ost-Schick nicht wegrenovieren konnte. Dennoch: Ab dem 6. Stock ist der Blick aus dem Fenster über ganz Potsdam sehr beeindruckend. ($))

Wohnen und Arbeiten im Holländerhaus, Kurfürstenstr. 15, ☎ 27 91 10, FAX 27 91 11. Besonders für Geschäftsleute eine Übernachtungsstätte der unkonventionellen Art im Holländischen Viertel. Freundlich-helle Appartements mit Kleinküche und Kommunikationstechnik. Dazu gibt's separate Mietbüros, einen Besprechungsraum, ein Sekretariat und last, not least eine Sauna und eine Bar. ($)–($))

Pension Bürgerstuben, Jägerstr. 10, ☎ 2 80 11 09, FAX 2 80 48 54. Nettes, gutbürgerliches Haus im Sträßchengewirr der Innenstadt, mit rustikaler Gaststube. ($)

Im Grünen

Hotel Bayrisches Haus, Im Wildpark 1, ☎ 96 37 90 oder 97 31 92, FAX 97 23 29. Von Friedrich Wilhelm IV. als alpenländisches Gebirgshaus konzipiert, mit DDR-Anbau, Restaurant; tief im Wald des Wildparks West, 6 km außerhalb. ($))

Residence-Hotel, Saarmunder Str. 60, ☎ 8 83 00, FAX 8 83 05 11. Ruhig gelegene Bettenburg im Plattenbaustil, die den Ost-Touch nicht so ganz los wird; mittelmäßiger Komfort, 2 km außerhalb. ($))

Hotel Schloß Petzow, Zelterstr. 5, 14542 Werder-Petzow, ☎ 0 33 27/ 4 69 40, FAX 46 94 30. Nettes Schlößchen, vermutlich von Schinkel, mit historischem Landschaftspark und dem Schwielowsee vor der Tür. Service und Ausstattung eher bescheiden, weil noch aus „alten“ Zeiten; etwa 11 km außerhalb; Fahrradverleih. Ⓢ

Hotel Am Schwielowsee, Am Schwielowsee 110, 14542 Werder, ☎ 0 33 27/ 40 61 26 14, ℻ 4 34 59. Landschaftlich schön gelegenes, modernes Haus mit Restaurant; auch Mehrbettzimmer; 11 km außerhalb. Ⓢ

Zum Schlafen

Pension Rote Villa, Berliner Str. 60, ☎ 29 46 07, ℻ 29 37 03. Einfaches Haus, dazu Gaststätte mit deutscher Küche, nahe Glienicker Brücke. Ⓢ–ⓈⓈ

Hotelschiff Friedrich der Große, Am Kai der Weißen Flotte, ☎ 87 60/ 8 83 00, ℻ 87 20 06. Recht zentral, direkt an der Langen Brücke; man wird von den Wellen der Havel in den Schlaf geschaukelt. ⓈⓈ

Hotel Goldener Anker, Friedrich-Ebert-Str. 18, 14548 Caputh, ☎ 0 25 94/7 04 92. Schlichtes, aber nettes Haus, 15 km außerhalb. Ⓢ

Privatunterkünfte für 15–50 DM pro Person in Zimmern, Einfamilienhäusern, Ferienwohnungen und -häusern vermittelt die *Potsdam-Information* (s. S. 92).

Campingplätze

In Potsdam selbst gibt es keinen Campingplatz, in der Umgebung, natürlich immer am Wasser, dafür um so schönere. Hier eine Auswahl:

Campingplatz Himmelreich, Geltow, ◷ ganzjährig, ☎ 03 32 09/7 04 75.

Campingplatz Gemeinde Kähnsdorf, Am Seddiner See, ◷ April bis Okt. (im Winter auf Anfrage), ☎ 03 32 05/6 28 18.

Campingplatz Caputh, Am Schwielowsee, ◷ Mai–Sept., ☎ 03 32 09/7 04 97.

Eingang zum luxuriösen Schloßhotel Cecilienhof

Ab dem 6. Stock hat man einen wunderbaren Blick über Potsdam

Hotel am Griebnitzsee

Einkaufstips

Die Haupteinkaufsstraße und Fußgängerzone Potsdams ist die *Brandenburger Straße*, von den Einheimischen spöttisch „Broadway" genannt. Besonders in den kleineren Seitenstraßen, wie der Linden-, der Dortu- und der Jägerstraße putzen sich in den letzten Jahren immer mehr barocke Bürgerhäuser heraus, in die dann kleine Einzelhandelsgeschäfte einziehen.

Im Karree *Brandenburger-*, *Linden-* und *Hermann-Elflein-Straße* liegt das Ladenzentrum *Lindenhof*, wo man drei aneinandergrenzende Höfe mit allerlei Geschäftchen durchschlendern kann. Die glasüberdachte *Wilhelmsgalerie*, ein Büro- und Geschäftshaus mit einem repräsentativen Atrium eröffnet voraussichtlich im Frühjahr 1997 am *Platz der Einheit*. Grundsätzlich zu beachten ist, daß kleinere Boutiquen, Läden und Galerien in den Seitenstraßen morgens erst um 10 Uhr öffnen. Der allgemeine Geschäftsschluß am Abend liegt zwischen 18 und 20 Uhr.

Kleidung und Schuhe

Evelin Brandt, Dortustr. 53, 🕓 Mo–Fr 10–18.30, Sa 10–14 Uhr, ☎ 2 80 36 37. Junge Mode für Frauen aus dem Atelier einer Berliner Designerin.

Boutique Karin, Brandenburger Str. 27, ☎ 29 64 52, und Dortustr. 64, ☎ 2 80 49 75. Gleich mit zwei Shops am Ort vertreten. Kledage von Betty Barclay, Blacky Dress, Bianca und Hirsch. Veranstaltet als einzige Boutique regelmäßig Modeschauen.

Boutique Enjoy, Heinrich-Mann-Allee 20 und 22, ☎ 29 63 19. Zwei Läden nebeneinander, die ausgesuchte und individuelle Schuhe von hochwertiger Qualität und Herrenkleidung führen.

Belushi's by Crinès Design, Mittelstr. 17, im Holländischen Viertel, 🕓 tgl. 10.45–18.30 Uhr, ☎ 2 80 00 26. Zum Teil selbstentworfene Bekleidung der etwas gehobeneren Kategorie für Frauen, Abendmode.

Alex, Mittelstr. 27, im Holländischen Viertel, 🕓 Mo–Fr 10–18.30, Sa 10–13 Uhr, ☎ 2 70 39 66. In ihrer kleinen Boutique führt Frau Belkius für die Kleinstadt relativ ausgeflippte Sachen, vor allem Hüte, Schuhe und Designermode für Frauen.

Karin Mode & Design, Karl-Liebknecht-Str. 127, Babelsberg, ☎ 7 48 22 44. Kleiner Laden mit Marken-Jeans und allerhand Kleidung für die Frau.

Bücher

Literaturladen Wist & Ressel, Brandenburger Str. 56, im August-Bebel-Haus, ☎ 2 80 04 52. Prosa und Lyrik alter und neuer Bestsellerlisten. Die beiden Inhaber sind bekannt für die Veranstaltung von anspruchsvollen Buchlesungen.

Das Internationale Buch, Brandenburger Str. 41/42, ☎ 29 14 96. Besonders ausgesuchtes Sortiment an Reiseliteratur mit Schwerpunkt auf den ostdeutschen Bundesländern; dazu Sprachen.

Kunstbuchhandlung im Holländischen Viertel, Mittelstr. 27, 🕓 tgl. 10–18 Uhr, ☎ 2 80 16 41. Spezialbuchhandlung nicht nur für Kunst in und aus Potsdam, sondern auch aus aller Welt; schöne Kunstpostkarten.

ArTur, Dortustr. 16, ☎ 2 80 00 88. Eine Mischung aus Antiquariat (🕓 Di–Fr 11–18, Sa 11–14 Uhr) und Café (🕓 Mo–Sa 11–24, So 14–24 Uhr). Neben Schleckereien wie Eis und Kuchen kann man vor allem Literatur aus DDR-Zeiten erstehen.

Antiquariat Martin Teetzmann, Lindenstr. 11, 🕓 Mo–Fr 10–18.30, Sa 10–14 Uhr, ☎ 2 80 10 47. Spezialisiert auf Potsdam- und Berlin-Literatur,

Lexika, Geschichte, Gartenbau, Landwirtschaft, Globen, Büsten und Bilder.

Potsdamer Antiquariat Carl Christian Horváth, Friedrich-Ebert-Str. 27/28, ☎ 29 18 75. In einem niedlichen Haus des Holländischen Viertels wird mit viel Liebe das bundesweit größte Sortiment an Potsdam- und Preußen-Literatur geführt.

Wort und Werk, Charlottenstr. 86/87, ☎ 2 54 64. Buchhandlung am Rande des Holländischen Viertels, gut ausgestattet mit Romanen, Kinderbüchern und Potsdam-Literatur.

Die Brandenburger Straße – der „Broadway" Potsdams

Künstlerateliers

Kunsthandweberei im Museum, Am Wasser 19, Geltow, ⏲ Di–So 11–17 Uhr, ☎ 0 33 27/5 52 72. Handgewebte Stoffe und geschneiderte Textilien von Henni Jaensch-Zeymer, alles in Naturfasern nach Bauhaus-Design, in einer stimmungsvollen alten Weberei – fast wie auf dem Lande.

Verkaufsbude mit einheimischen Produkten

Atelier Raetsch, Hermannswerder 20 b, in der Kapelle des Friedhofs, ⏲ Sa–So 14–19 Uhr (und nach Vereinbarung), ☎ 2 66 73. Das Künstlerpaar Barbara und Karl Raetsch arbeitet hier und zeigt große und kleine Ölgemälde, die zumeist von Potsdam erzählen.

Keramikgalerie Buhlmann, 14476 Neu Fahrland, Drei Mohren (der B 2-Beschilderung folgen), ⏲ tgl., ☎ 03 32/0 83 84. Werkstatt und Galerie für Bau-, Garten- und Gebrauchskeramik, Fayencen und künstlerische Einzelstücke; idyllisch am Fahrlander See gelegen.

Alte Schmiede Christian Roehl, Potsdamer Damm, auf dem Wirtschaftshof des Stahnsdorfer Waldfriedhofs (an der Bushaltestelle), 14532 Stahnsdorf, ☎ 0 33 29/6 25 78 oder 61 20 21. In seiner urigen Schmiede präsentiert Christian Roehl seine Werke, von der praktischen Bratpfanne bis zur eleganten Edelstahlskulptur. In der Vorweih-

Potsdamer Wochenmarkt

nachtszeit gemeinsame Ausstellungen mit der Keramikerin Mari-Alice Bahra. Die Schmiede ist offen für jedermann.

Kunstgalerien

galerie mike geßner, Wilhelm-Staab-Str. 10/11, ☎ 03 31/2 70 47 42. Neues Podium junger nationaler und internationaler Künstler mitten in der Stadt; großformatige Malerei, Bildhauerei und Graphik.

Galerie Trapez, Charlottenstr. 27, ⌚ Do–So 14–19 Uhr, ☎ 2 70 44 87. Graphik aller Gattungen und Formate aus aller Welt.

Galerie Sperl, Mittelstr. 30, im Holländischen Viertel, ⌚ Di–So 12–18 Uhr, ☎ 2 80 06 08. Wechselausstellungen mit zeitgenössischer Malerei und Graphik. Rainer Sperl vertritt auch viele Künstler aus den neuen Bundesländern. Gezeigt werden Werke junger Potsdamer Künstler zu erschwinglichen Preisen.

Galerie Samtleben, Brandenburger Str. 66, ⌚ Mo–Fr 11–13 und 14–18 Uhr, 1. und 3. Sa im Monat 11–17 Uhr, ☎ 29 40 75. Ute Samtleben verkauft durchweg Gegenständliches aus den Händen vorzugsweise ostdeutscher Maler und Zeichner. Gelegentlich wird die bildende Kunst von unterhaltsamen und witzig arrangierten Buchlesungen begleitet.

Musikalisches

Geigenbaumeister Bernhard Wölz, Benkertstr. 11, im Holländischen Viertel, ☎ 29 51 78. Verkauf von neugebauten und reparierten Geigen verschiedener Preisklassen, dazu natürlich das ganze Zubehör wie Kästen, Saiten etc.

Orgelbau Alexander Schuke, Gutenbergstr. 76, im Holländischen Viertel, ☎ 29 37 13. Weltberühmte Orgelbauanstalt mit Potsdam-Tradition seit 1820. Werkstattbesuche bitte nur nach Voranmeldung.

Metallblasinstrumenten-Werkstatt Martin Schmidt, Benkertstr. 11, im Holländischen Viertel, ☎ 29 50 78. Von der zierlichen Bach-Trompete bis zur dicken Tuba – hier können Bläser ihren Bedarf decken.

Antiquitäten, Porzellan, Trödel

Kunsttruhe, Mittelstr. 22, im Holländischen Viertel, ☎ 2 80 32 09. Wie in einem wohlgepflegten Magazin sieht es hier bei Thomas Abraham aus, zwischen all den Bauernmöbeln, Möbeln vom Biedermeier bis zur Gründerzeit, moderner Graphik, hölzernen Spielzeugplastiken, Keramiken, Tafelsilber und allerhand wunderschönem Schnickschnack.

Antiquitäten Eric Rohde, Lindenstr. 11, ⌚ Mo–Fr 11–18.30, Sa 11–15 Uhr, ☎ 2 80 10 47. An- und Verkauf von Bildern, Kleinskulpturen, Taschenuhren, Möbeln vor 1930 und vielem anderen mehr.

Netter Kleinkram

Wohnart, Mittelstr. 28, ⌚ Di–Sa 11–18, So 12–18 Uhr, ☎ 2 80 06 07. Im Erdgeschoß eines schön restaurierten Holländerhauses verkauft Christine Bock geschmackvolle Geschenke, Terrakottatöpfe, Kerzen, Gläser und feine Schreibwaren, außerdem sämtliche Kataloge für Möbel in coolem Design; Anschauungsstücke im Laden.

Potsdamer Mineralboutique, Dortustr. 16, ☎ 29 40 98. Esoterische Beratung, Mineralien, Schmuck und Heilsteine.

Postkarten-Zentrale, Dortustr. 14, ☎ 2 80 48 55. Kleiner Laden, vollgestopft mit tausenderlei Ansichtskarten und historischen Potsdam-Ansichten für jeden Geschmack.

Altes Rathaus am Alten Markt

Feinkost und Weine

In Vino, Dortustr. 17, ⌚ Mo–Mi, Fr 10 bis 18.30, Do 10–20.30, Sa 10–14 Uhr, ☎ 2 80 05 01. Italienische und französische Weine, frisch abgefüllter, höchst leckerer Grappa, Käse und andere kleine Häppchen zum Hieressen oder Mitnehmen.

Spezialitäten Fruchtkorb, Brandenburger Str. 17, ⌚ Mo–Fr 9–18, Do 9–19, Sa 9–14 Uhr, ☎ 29 14 63. Sabine Dzaack bietet frisches Obst, deutsche, italienische und französische Weine, dazu Delikatessensalate inklusive einer Käse- und einer Wursttheke, wo sich Geschäftsleute und andere arbeitende Menschen gern kleine, warme Schlemmereien zum Mittagsimbiß aussuchen.

Märkte

Potsdamer Wochenmarkt, Am Bassin, ⌚ Mo–Fr 7–17, Sa 7–13 Uhr. Großer Markt mit reichem Angebot, von Kindersöckchen aus Polen über das goldbraune Brathähnchen aus brandenburgischen Landen bis zu italienischen Oliven.

Potsdamer Kunstmarkt, vor den Häusern Lindenstr. 52–56, ⌚ Sa 10–17, jeden 2. und 4. So im Monat 10–17 Uhr. Buntes Kinderspielzeug aus Holz und Metall, Comichefte, Bücher, Kalender, allerlei Handwerkliches usw.

Frischemarkt Werder, an der Berliner Straße (B 1), 14542 Werder, ⌚ Sa–So 8–18 Uhr. Neben Obst, Gemüse, Brot, Blumen und Bienenhonig aus dem Havelland gibt es auch Weine aus der Umgebung, zum Beispiel den Werderaner Wachtelberg vom nördlichsten Weinberg Europas.

Floh- und Bauernmarkt, Weberplatz, Babelsberg, ⌚ Sa 8–15 Uhr. Reges Markttreiben in stimmungsvoller Atmosphäre rund um die Friedrichskirche. Obst und Gemüse aus heimischen und ausländischen Anbaugebieten. Hie und da findet sich auch ein Tisch mit Trödel.

Potsdam am Abend

Trotz der vielzitierten Konkurrenz zu Berlin hat Potsdams lebendige Kulturszene von Theater über Kabarett und klassische Musik bis zu Jazzabenden für verschiedene Geschmäcker einiges zu bieten. Aber Schillerndes und Ausgeflipptes kann man von Potsdam nicht erwarten. In einem solchen Fall bleibt einem der Trip nach Berlin nicht erspart.

Doch beginnt sich in Potsdam allmählich eine Szene zu bilden, die vor allem von jüngeren Menschen, die nach dem Theater oder Konzert bestimmte Kneipen füllen, belebt wird. Man muß nur wissen, wo! Programme und Eintrittskarten für alle kulturellen Veranstaltungen in Potsdam und Berlin verkauft die Filiale der *Potsdam-Information,* Brandenburger Str. 18, ⌚ Mo–Fr 10 bis 18, Sa 10–14 Uhr, ☎ 29 30 38.

Theater

Die kleine Potsdamer Theaterwelt hat es nicht leicht, dem erdrückenden Überangebot aus Berlin tapfer etwas entgegenzusetzen. Trotzdem bietet das Schauspiel ein abendliches Kulturerlebnis von der Tragödie bis zur Komödie, das zu besuchen sich lohnt:

Hans-Otto-Theater, Theaterhaus am Alten Markt, ⌚ Mo–Fr 9–16, Sa 9 bis 12 Uhr sowie eine Stunde vor der Vorstellung, ☎ 2 80 06 93. Am Alten Markt ist Potsdams Hauptspielstätte beheimatet. Das Repertoire setzt sich zusammen aus renommierten Klassikern, Dramen, Komödien, Kinder- und Musiktheater. Die Geschäftsführung und künstlerische Leitung liegt in den Händen der eingespielten Troika Lutz-Uwe Dünnwald, Stephan Märki und Jörg Potratz (s. S. 20, 46).

Für Theaterstücke im kleineren Kreis bietet das Hans-Otto-Theater zwei weitere Spielstätten:

Studiobühne, Heinrich-Mann-Allee 103, und die **Bühne Zimmerstraße,** Zimmerstr. 10.

„Am Obelisk" – das einzige Potsdamer Kabarett

Klassische Musik

Die Konzerttätigkeit in Potsdam ist rege und gewinnt immer mehr an Format. Entweder spielen das landeseigene Orchester, die Brandenburgische Philharmonie, oder zahlreiche auswärtige Musiker, die Potsdam einen Tourneebesuch abstatten. Neben den städtischen oder landeseigenen Veranstaltern organisieren auch viele Kantoreien gute Konzerte in ihren Gotteshäusern. Über einzelne Konzerttermine informieren die Plakate in der Stadt oder die *Potsdam-Information* (s. S. 92). Besonders beliebte Konzertplätze, die auch mit entsprechend schönen historischen Räumlichkeiten aufwarten können, sind:

Schloßtheater im Neuen Palais, Am Neuen Palais, im Park Sanssouci, ☏ 97 29 10. Intimes und schön verschnörkeltes Rokokotheater aus der Zeit Friedrichs des Großen.

Altes Rathaus, Kulturhaus Potsdam, Am Alten Markt, ☏ 29 38 59. Zu DDR-Zeiten ausgebaute zentrale Kulturstätte Potsdams für klassische Konzerte, Ausstellungen, Vorträge, Podiumsdiskussionen, Workshops und Tagungen.

Friedenskirche der Stiftung Preußische Schlösser und Gärten Berlin-Brandenburg, Am Grünen Gitter, ☏ 90 11 67. Führend im Potsdamer Musikleben; Orgel- und Orchesterkonzerte, große Oratorien zu allen Fest- und Feiertagen.

Erlöserkirche, Nansenstr. 6, ☏ 90 10 34 oder 97 24 76. In der schönen, großen Backsteinkirche aus der Zeit des Historismus werden Orgelkonzerte und Oratorien aufgeführt.

Katholische Kirche St. Peter und Paul, Am Bassin, ☏ 2 80 49 42 oder 2 80 49 43. Schön restaurierte Kirche der Schinkel-Schule mit guter Akustik für Chorkonzerte.

Kabarett

Kabarett „Am Obelisk", Schopenhauerstr. 27, Theaterkasse: ◷ Di–Fr 16 bis 20.30, Sa 18–20.30, So 19–20.30 Uhr, ☏ 29 10 69. Potsdams einziges Kabarett, das sich schon zu Ostzeiten erfolgreich durch den gefahrvollen Dschungel der bissigen Anspielungen schlängelte. Heute wird den Wessis die Befindlichkeit der Ossis in heiterfrecher Manier um die Ohren gehauen.

Live-Musik und Diskos

B(l)auhaus, Heinrich-Mann-Allee 103, ◷ Fr–Mo 22–4 Uhr, ☏ 87 21 53. Beliebteste und immer volle Disko mit Nachtbar für Leute zwischen 18 und 35. Auf dem Plattenteller liegt so richtig schön tanzbarer Pop und Rock der 80er und 90er Jahre. Dazu gibt's Imbisse aus deutscher Küche.

Minsk, Max-Planck-Str. 10, ◷ Mi–Sa 21–3 Uhr, ☏ 2 36 36; mit Restaurant und Bar. Tanz und Musik der etwas gemäßigteren und traditionelleren Gangart für die mittlere Generation. Die musikalische Richtung wird von gängigen Schnulzen und Popsongs bestimmt. In das dazugehörige Restaurant führt Manfred Stolpe gern seine Gäste aus. Die Atmosphäre hat noch einen Hauch von DDR, was schon seinen eigenen nostalgischen Reiz hat.

Pflaumenbaum, Zeppelinstraße 136, ◷ Mo bis Fr 19–4, Sa–So 19–5 Uhr, ☏ 90 98 90. Momentan absoluter In-Treff der Schickimicki- und Anmacherszene von Potsdam. Die Disko spielt gängige Hits der 70er bis 90er Jahre. Um Mitternacht werden Wunderkerzen verteilt, und zur Begrüßung des neuen Tages schnulzen die alten Schlager von Hans Albers.

j. w. d. im Lindenpark, Stahnsdorfer Str. 76/78, Babelsberg, ◷ Fr–Sa 23.59 bis 6 Uhr, ☏ 70 89 80. Viele Live-Auftritte junger Rockbands aus der weiteren Region. Das Publikum ist nicht so gestylt, sondern wirkt natürlicher.

Waldschloß, Stahnsdorfer Str. 100, Babelsberg, ◷ tgl. ab 18 bis zwischen 2 und 6 Uhr, ☏ 7 48 14 49. Live-Konzerte mit jungen Jazz-, Soul- und Rock-'n'-Roll-Gruppen aus ganz Europa für junge Leute, dazu Comedy und Satire. Jeden Sonntag Kino mit alten Musik- und Kultfilmen.

Off-Szene

Waschhaus, Schiffbauergasse 1, ◷ je nach Programm, Kartenverkauf und Programm: Mi ab 22 Uhr (auch zwischendurch mal versuchen!), ☏ 2 71 56 26. Kleinkunst und Multikultur querbeet, Performances der jungen und weniger etablierten Kunstszene aller Art, Popkonzerte, Rockmusik und künstlerischer Tanz, Puppenspiel und Buchlesungen nach gut organisiertem Programm.

Kinos

Das aktuelle Kinoprogramm ist zu erfahren unter ☏ 01 15 17.

Kino im Filmmuseum, Im Marstall, Schloßstr. 4, ☏ 2 36 75.

Charlott-Lichtspiele, Zeppelinstr. 37, ☏ 97 32 02.

Melodie-Lichtspiele, Friedrich-Ebert-Str. 12, ☏ 29 29 17.

Thalia-Theater, Rudolf-Breitscheid-Str. 50, Babelsberg, ☏ 70 75 65, Gelegentlich Uraufführungen.

Studiokino Babelsberg, August-Bebel-Str. 26–53, Babelsberg, ☏ 7 21 34 88.

Verkehrsmittel

Anreise

Mit dem Flugzeug

Potsdam selbst besitzt keinen eigenen Flughafen. Die nächstgelegenen Flugplätze sind Berlin-Schönefeld, ☏ 0 30/ 60 91 51 66, Berlin-Tempelhof, ☏ 0 30/ 6 95 10, und Berlin-Tegel, ☏ 0 30/ 4 10 11.

Mit der Bahn

Der Bahnhof Potsdam-Stadt ist zugleich Intercity- und ICE-Haltestation. Von hier bieten Busse und Straßenbahnen Anschlüsse in alle Richtungen. Zugauskunft der Bahn AG:
☏ 0 30/1 94 19.

Mit dem Auto

Potsdam ist mit dem Auto über den dreispurig ausgebauten Berliner Ring aus allen Himmelsrichtungen gut zu erreichen – von Nordosten aus Prenzlau über die A 11, von Nordwesten aus Hamburg über die A 10, von Westen aus Hannover über die A 2, von Südwesten aus München über die A 9, von Süden aus Dresden über die A 13 und von Osten von Frankfurt (Oder) über die A 12.

Zwischen Potsdam und Berlin

Zwischen den Verkehrsbetrieben in Potsdam (ViP) und den Berliner Verkehrsbetrieben (BVG) besteht ein Verkehrsverbund, d. h. alle gelösten Fahrscheine sind jeweils in beiden Städten gültig.

Vom Bahnhof Potsdam-Stadt fahren die S 3 und die S 7 bis gegen 1 Uhr nachts zu den Hauptverkehrszeiten im 10-Minuten-Takt nach Berlin, zu weniger frequentierten Zeiten, kann der nächste Anschluß schon mal 20 Minuten dauern.

Stilecht – Fahrradverleih am Bahnhof

Für 7,50 DM sind Sie 24 Stunden lang ein ViP

Der Bahnhof ist Knotenpunkt für den Nah- und Fernverkehr

In Potsdam

Autofahren in Potsdam bereitet zu den Hauptgeschäftszeiten oft den reinsten Stau-Frust. Die zahlreichen schmalen Straßen wurden nun einmal eher für Fußgänger oder die Kutschen des Soldatenkönigs konzipiert als für die Blechlawinen der Neuzeit und können den großen Ansturm gar nicht fassen.

Mit Bus und Straßenbahn

Die Verkehrsbetriebe in Potsdam (ViP) bieten für 7,50 DM ein Potsdam-Billett an. Damit können 24 Stunden lang alle ViP-Verkehrsmittel quer durch die Stadt benutzt werden.

Businfo Potsdam: Kundenbüro der Verkehrsbetriebe in Potsdam (ViP), Holzmarktstr. 6/7, ⌚ Mo–Do 6–18, Fr 6–16 Uhr, ☎ 37 52 75 oder 37 52 76.

Businfo für Fahrten in die Umgebung: Kundenbüro der Havelbus Verkehrsgesellschaft (HVG), Am Bassin 7, ☎ 29 29 66.

Mit dem Fahrrad

Um den Stadtverkehr zu entlasten, hat der Magistrat das Modellprojekt „City Rad" ins Leben gerufen. Man sollte diese Alternative wahrnehmen, denn auf diese Weise lassen sich alle Sehenswürdigkeiten auf ausgeschilderten Radwegen gemütlich abradeln. Darüber hinaus gibt es auch noch freie Radverleiher. Die meisten Anbieter haben Standard-, Kinder- und Trekkingräder. Mitzubringen sind meist ein Ausweis und eine Kaution (Eurocheque) von maximal 150 DM pro Rad:

City Rad Potsdam, Fahrradstation am Bahnhof Potsdam-Stadt, ⌚ April bis Okt. Mo–Fr 9–18, Sa–So 9–20 Uhr, Nov. bis Mai auf Anfrage, ☎ 61 90 52 oder 3 05 41 17.
Das Radhaus, Potsdamer Str. 201, ☎ 52 03 71.
Fahrrad Bels, Röhrenstr. 4, ☎ 62 21 13.

Als Begleit-Info hält die *Potsdam-Information* (s. S. 92) ein breitgefächertes Prospekt-Angebot von ausgewiesenen Fahrradtouren ins Grüne bereit, das man sich zuschicken lassen kann.

Mit dem Auto

Wer die Potsdamer und die Babelsberger Innenstadt mit dem Auto besucht, muß sein Portemonnaie zücken, denn fast alle Parkplätze sind gebührenpflichtig.

Größere Pkw-Parkplätze gibt es auf dem Luisenplatz (zentral), an der Schopenhauerstraße (zentral), an der Hegelallee (nördl. Zentrum) sowie an der Yorckstraße (südl. Zentrum).

Besonders große Parkplätze für Sanssouci-Besucher gibt es auch An der Orangerie (hinter der Alten Mühle von Sanssouci) und Am Neuen Palais.

Nur etwas weiter außerhalb, in den reinen Wohngebieten wie der Nauener, Berliner oder Brandenburger Vorstadt sieht es etwas besser aus. Ohne Probleme dagegen können Besucher des Babelsberger Schloßparks ein kostenfreies Parkplätzchen am Straßenrand finden.

Mit dem Taxi

Potsdams größter Taxistand befindet sich am Rande des Holländischen Viertels, Am Bassin/Brandenburger Straße. Einen zweiten Stand gibt es an der Glienicker Brücke (Berliner Straße).

Wer es bequemer haben möchte, kann per Telefon ordern:
Funk-Taxi, ☎ 29 22 31.
Taxi-Genossenschaft Potsdam eG, Am Bassin 8, ☎ 29 28 39.
Taxi-Kurierdienst, Lessingstr. 12, Babelsberg, ☎ 48 18 85.

Per Mietwagen

Autohansa, Geschwister-Scholl-Str. 76/77, ☎ 97 02 15.
interrent/europcar, Rudolf-Breitscheid-Str. 15, Babelsberg, ☎ 70 50 75.

Blick zum Chinesischen Teehaus im Schloßpark Sanssouci

Weg 1

Seite 41

Der Schloßpark von Sanssouci

***** Park und *** Schloß Sanssouci – Orangerie – ** Schloß Charlottenhof – Chinesisches Teehaus – Friedenskirche**

Dieser Rundgang durch eine der berühmtesten und schönsten Parklandschaften Europas gehört sicherlich zu den Höhepunkten eines Potsdambesuchs. Einen Tag sollte man sich nach Möglichkeit ruhig Zeit nehmen, besonders dann, wenn die Teilnahme an einer Führung durch die Innenräume eines der vielen Schlösser geplant ist. Vom Frühjahr bis hinein in den späten Herbst erfreut sich das Auge auf diesem Weg an ständiger Abwechslung zwischen bedeutender Baukunst und genialer Gartenkunst. Für das leibliche Wohl zu sorgen bieten sich unterwegs verschiedenste Möglichkeiten. Ausgangspunkt ist der Luisenplatz am Brandenburger Tor (🚌 692, 695, 697; Straßenbahn 91, 94, 96, 98; kostenpflichtiger Pkw-Parkplatz).

Der ***** Schloßpark von Sanssouci** (frz. sans souci = ohne Sorge) ist eine Schöpfung der Bau- und Gartenkunst, die sich über mehrere Jahrhunderte hinweg entwickelte. Den Anfang machte Friedrich der Große 1744 mit dem Bau des Schlosses Sanssouci und der Anlage des umgebenden, östlichen Parkteils. 19 Jahre später ließ er westlich davon den Grundstein für das Neue Palais legen und verband beide Parkgebiete durch die lange Hauptallee. Die zwei nachfolgenden Generationen der Preußenkönige widmeten Sanssouci nur sehr zurückhaltend ihre Aufmerksamkeit, bis dann Friedrich Wilhelm IV. 1825 mit dem Umbau von Schloß Charlottenhof das südliche Parkgebiet mit einbezog und damit als Impulsgeber für zahlreiche Gebäude im Stil der italienischen Renaissance ansetzte. Sanssouci versteht sich von jeher als Volkspark, denn schon Friedrich der Große machte das Terrain der Öffentlichkeit zugänglich. Heute steht der Park gemeinsam mit anderen hinterlassenen Liegenschaften der Hohenzollern in Potsdam, Berlin und dem Land Brandenburg unter der Verwaltung der Stiftung Preußische Schlösser und Gärten Berlin-Brandenburg (Besucherzentrum und Information, An der Historischen Mühle, 14414 Potsdam, ☎ 9 69 42 00, 9 69 42 01 oder 9 69 42 02, 📠 9 69 41 07; für die Innenbesichtigung v. a. des Schlosses wird auswärtigen Gruppen eine mehrmonatige Voranmeldung empfohlen).

Die stimmungsvollere Alternative zu dem üblicherweise benutzten Haupteingang in den Park von Sanssouci durch das Obeliskenportal an der Schopenhauerstraße ist das **Grüne Gitter ❶**. Dieses große, kunstvoll geschmiedete Tor erreicht man zu Fuß vom *Luisenplatz* über die *Allee nach Sanssouci* in wenigen Minuten. Das goldene Monogramm am Torflügel mit den ineinander verschlungenen Buchstaben FRP IV. erinnert auf lateinisch an den Stifter Fridericus IV. Rex Prussiae.

Wer die kleine Allee geradeaus weitergeht, kann nach der Wegbiegung einen der überwältigendsten Anblicke des ***** Schlosses Sanssouci ❷** genießen. Der Blick fällt zuerst auf die im *Lustgarten* installierte *Große Fontäne*, eine hohe Springbrunnenanlage, umgeben vom *Französischen Rondell*, das diesen Namen aufgrund der kreisrunden Anordnung aus Frankreich stammender Skulpturen trägt. Darüber erhebt sich der *Weinberg*, eine natürliche Erhebung, die Friedrich der Große 1744 zum Bau des Schlosses jedoch terrassieren und höher aufschütten ließ. Noch heute reifen hinter den verglasten Terrassennischen Feigen und die

1

Seite 41

ziemlich saure Traubensorte Reseda. Das relativ kleine *Schloß* auf der Kuppe des Berges wurde zwischen 1745 und 1747 von Georg Wenzeslaus von Knobelsdorff nach den Plänen Friedrichs als Sommerresidenz errichtet. (◷ Di bis So April bis 15. Okt. 9–17, 16.–31. Okt., Febr. bis März 9–16, Nov. bis Jan. 9–15 Uhr; 12.30–13 Uhr geschl.)

Das Grüne Gitter

Nur zehn hintereinanderliegende Räume führen durch den eingeschossigen Rokokobau, in der Mitte unterbrochen von einer Rundkuppel, die das *Vestibül* und den *Marmorsaal* überspannt.

Ohne Sorgen war wohl auch der „Alte Fritz" in seinem Schloß Sanssouci nicht

In östlicher Richtung liegen Friedrichs Privaträume, erst sein *Empfangszimmer,* dann das *Konzertzimmer,* in dem er die Querflöte spielte. Besonders interessant ist die Kombination aus *Arbeits- und Schlafzimmer,* in dem ein kostbarer Sekretär und als Bettstatt ein in die Wand eingebauter Alkoven zu finden sind. Im hinteren Teil liegt Friedrichs *Bibliothek,* in der kein einziges deutschsprachiges Buch, sondern ausschließlich französische und antike Klassiker stehen.

Die länglichen Schloßseitentrakte ließ der Nachfahre Friedrich Wilhelm IV. knapp hundert Jahre später für Wirtschaftszwecke hinzufügen. Besonders die noch original gekachelte *Schloßküche* gibt einen interessanten Einblick in den damaligen Alltag höfischen Lebens. Von der *Gartenterrasse* hat man bei schönem Wetter einen herrlichen Blick über die Stadt und die Havel bis hin zum Potsdamer Forst, leider stellenweise unterbrochen von den überhohen Plattenbauten der Straße Auf dem Kiewitt. Am östlichen Terrassenende befindet sich das vielbesuchte *Grab Friedrichs des Großen.*

Die Neuen Kammern vor der Historischen Windmühle

Im August 1991 wurde der Sarg von der Hohenzollernburg Hechingen in die unterirdische Gruft überführt, ganz so, wie der Preußenkönig es sich bereits zu Lebzeiten gewünscht hatte.

1

Seite 41

Von der offizielleren Ehrenhofseite des Schlosses mit den eleganten Säulenkolonnaden fällt der Blick auf den nördlich gelegenen **Ruinenberg ❸**, den Friedrich in der Art einer Theaterkulisse mit Ruinen nach italienischen Vorbildern hatte bebauen lassen. Damit wollte er an die Vergänglichkeit allen irdischen Lebens gemahnen.

In unmittelbarer Nachbarschaft zum Schloß liegen das *Kavalierhaus* und die **Bildergalerie ❹** (🕓 April bis 15 Okt. Mi–So 9–12.30 und 13–17 Uhr). Dieses erste, noch erhaltene, öffentliche Museum Deutschlands wurde 1755 durch den Baumeister Johann Gottfried Büring errichtet.

Das Innere besteht aus einem der prächtigsten Säle, den das preußische Rokoko hervorgebracht hat. Die kostbaren Marmorwände sind nach barocker Art doppelreihig übereinander mit Gemälden von Michelangelo, Vasari, Rubens, van Dyck und anderen bedeutenden Künstlern verschiedener europäischer Schulen behängt.

Spiegelbildlich dazu liegen auf der anderen Seite des Schlosses die **Neuen Kammern ❺**. 1771 ließ Friedrich in dem der Bildergalerie ähnlichen Gebäude Wohnungen für seine Gäste herrichten, denn Sanssouci war mittlerweile zu eng geworden. Die reich ausgestatteten Räumlichkeiten, vor allem die *Ovidgalerie* mit ihrem Figurenschmuck nach den „Metamorphosen" des Ovid, sind einen Besuch wert. (🕓 Sa–Do April bis 15. Okt. 9–17, 16.–31. Okt., Febr. bis März 9–16, Nov. bis Jan. 9–15 Uhr; 12–12.30 Uhr geschl.) Südlich der Neuen Kammern liegt der *Rosengarten*.

Gleich hinter den Neuen Kammern drehen sich seit 1983 wieder die Flügel der **Historischen Windmühle ❻**. Im Inneren ist das intakte *Mahlwerk* zu besichtigen, und wer einen Blick über den gesamten Schloßpark haben möchte, dem sei ein Aufstieg in die außen umlaufende *Holzgalerie* empfohlen. Mit diesem mächtigen Galerieholländer verknüpft sich seit Jahrzehnten die in deutschen Schulbüchern zu lesende Legende des Müllers von Sanssouci: Der Beschwerde des Müllers, das neuerbaute Schloß nehme seiner Mühle den Wind, soll Friedrich mit der Drohung begegnet sein, die Mühle ohne Entschädigung abreißen zu lassen. Den Hinweis des unerschrockenen Müllers auf die Entscheidungsgewalt des Kammergerichts in Berlin soll Friedrich aber erstaunlicherweise akzeptiert haben. Die Rekonstruktion der im Zweiten Weltkrieg abgebrannten Mühle beging die Deutsche Gesellschaft für Mühlenkunde und Mühlenerhaltung e. V. mit einem großen Fest. Jüngst wurde ein neuer Mahlgang für Mehl eingebaut, und auch ein waschechter Müller wurde eingestellt (🕓 April bis 13. Okt. Di–So 10–18 Uhr).

Der Rundgang führt weiter zum **Nordischen** und zum **Sizilianischen Garten ❼**, zwei völlig unterschiedlich bepflanzten Terrassengärten beiderseits der *Maulbeerallee*. Während unterhalb der Maulbeerallee die südländischen Pflanzenkübel und tropisch empfindsame Nadelgehölze eine mediterrane Atmosphäre verströmen, bietet der oberhalb gelegene Nordische Garten mit einheimischen Nadelbäumen besonders im Sommer ein eher kühleres Ambiente.

Als architektonischer Höhepunkt des nördlichen Parkbezirks thront die palastähnliche, 300 m breite **Orangerie ❽** auf einem Plateau. Initiator dieses eindrucksvollen Baus war ab 1848 Friedrich Wilhelm IV., der damit in politisch äußerst prekärer Zeit seinem Ruf als „Romantiker auf dem Thron" alle Ehre machte. Während der rechte Seitenflügel als Gästewohnung für seine nach Rußland verheiratete Lieblingsschwester Charlotte bestimmt war, diente der linke Seitenflügel von jeher als Winterquartier für kälteempfindliche Kübelpflanzen des Parks. Im Mittelbau befindet sich der *Raffaelsaal*. Der König war ein großer Verehrer dieses italienischen Malers und dessen Ausdruck von Andacht, Reinheit und Grazie in seinen Werken. Auf einer sehr festlich wirken-

Seite 41

den Wandbespannung aus tiefroter Seide hängen hier über 50 Kopien von Gemälden Raffaels, die Friedrich Wilhelm über lange Jahre hinweg gesammelt hatte.

Die Appartements für Charlotte und ihren Gemahl, den russischen Zaren Nikolaus I., wurden je nach Farbe ihrer Möblierung *Elfenbeinzimmer, Lapislazulizimmer* oder *Grünes Schlafzimmer* genannt. Alle Gemächer können auf Filzpantoffeln durchsegelt werden. Wer genug Puste hat, dem sei ein Aufstieg in den linken Turm empfohlen, denn von dort oben hat man einen herrlichen Blick über weite Teile des Havellandes (🕓 11. Mai bis 13. Okt. Fr–Mi 9–12 und 13–17 Uhr).

Am **Paradeisgärtl** ❾ vorbei, wo im *Botanischen Garten der Universität Potsdam* eine wahre Pracht duftender und blühender Pflanzen aus aller Welt für Studienzwecke herangezogen wird (🕓 tgl. 9.30–17 Uhr), führt der Weg rechts ab, eine schmale Treppe hinauf zum **Drachenhaus** ❿. Wie eine kleine Pagode wirkt das exotische, achteckige Türmchen, in dem sich heute das *Dra-*

❶ Grünes Gitter
❷ Schloß Sanssouci
❸ Ruinenberg
❹ Bildergalerie
❺ Neue Kammern
❻ Historische Windmühle
❼ Nordischer und Sizilianischer Garten
❽ Orangerie
❾ Paradeisgärtl
❿ Drachenhaus
⓫ Belvedere
⓬ Prinzenspiele
⓭ Antikentempel
⓮ Freundschaftstempel
⓯ Neues Palais
⓰ Fasanerie
⓱ Schloß Charlottenhof
⓲ Römische Bäder
⓳ Chinesisches Teehaus
⓴ Friedenskirche
㉑ Obeliskenportal

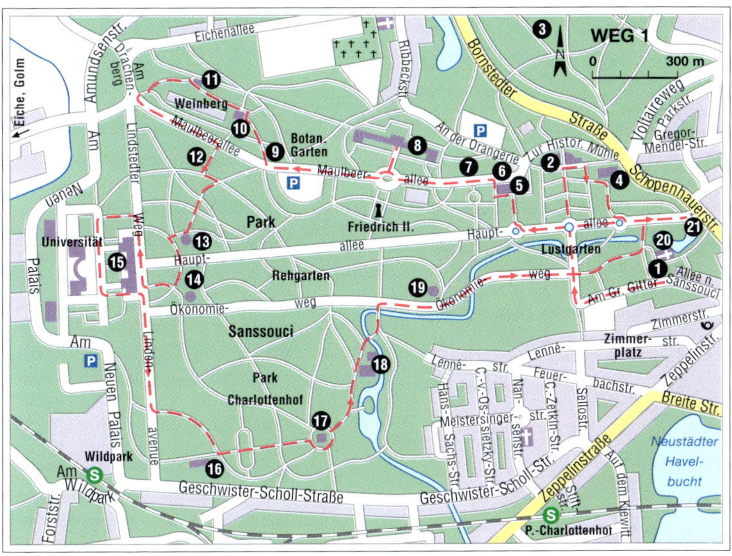

Seite 41

chenhaus-Café befindet (⌚ April bis Okt. tgl. 11–19, Nov. bis März tgl. 11 bis 18 Uhr, ☎ 29 15 94). Friedrich der Große ließ es 1770 von Carl von Gontard nach dem Vorbild der Pagode in den Londoner Kew Gardens erbauen.

Nicht weit davon, auf der Kuppe des Klausbergs, steht das **Belvedere ⓫**, das letzte Bauwerk, das Friedrich der Große vor seinem Tod im Jahre 1786 bei dem Baumeister Georg Christian Unger in Auftrag gab. Das kostbar ausgestattete Rundtempelchen für höfische Festlichkeiten wurde 1945 stark beschädigt und danach viele Jahre lang vernachlässigt. Die kürzliche Restaurierung, die an vielen Stellen einem Neubau gleichkommt, ist eine mäzenatische Tat der sehr um die Denkmalpflege bemühten Messerschmidt-Stiftung. Von der oberen, mit Stuckmarmor ausgeschlagenen Etage hat man eine schöne Sicht auf den Park, während im unteren Stockwerk eine kleine Ausstellung die Geschichte des Belvedere erzählt. Die gärtnerischen Arbeiten am darunterliegenden Weinhang auf dem Klausberg dagegen werden noch andauern (⌚ im Besucherzentrum zu erfragen; s. S. 38).

Von der Maulbeerallee, gegenüber dem Aufgang zum Drachenhaus führt ein Weg durch das *Lindstedter Tor* zu einem im Gras halb versteckten Kleinod preußischer Knabenträume, den **Prinzenspielen ⓬**. Kaiser Wilhelm II., der mit Gemahlin Auguste Victoria und seinen sieben Söhnen jeweils den Sommer über das benachbarte Neue Palais bewohnte, begeisterte sich bekanntermaßen für alles Militärische.

So machte ihm 1893 die Firma Krupp diese steinerne Miniausgabe der Festung Küstrin zum Geschenk, und fortan übten sich die Söhne Wilhelm, Eitel Friedrich, Adalbert, August Wilhelm, Joachim und Oskar auf spielerische Weise in Angriffs- und Verteidigungsmanövern.

Seitlich des Hauptweges, im westlichen Bereich des *Rehgartens*, stehen zwei Rundtempelchen aus friderizianischer Zeit einander gegenüber. Den **Antikentempel ⓭** hatte Friedrich der Große 1768 als Aufbewahrungsort für die kleineren Stücke seiner umfangreichen Kunstsammlung erbauen lassen. Statuetten, Steine, Medaillen, Münzen, antike Gemmen und andere kunstgewerbliche Gegenstände wurden hier bis zu ihrer Überführung ins Alte Museum nach Berlin im Jahr 1798 deponiert. Jahrelang war das Tempelchen ohne eigentlichen Nutzen, bis hier zwischen 1921 und 1947 mehrere Mitglieder der Hohenzollernfamilie beigesetzt wurden, darunter die im holländischen Doorn verstorbene Kaiserin Auguste Victoria (Gräber nicht zugänglich).

Auch der **Freundschaftstempel ⓮** dient dem Gedenken an eine teure Verstorbene. Als Friedrich der Große 1758 seine über alles geliebte Schwester Wilhelmine, verheiratete Markgräfin von Bayreuth, verlor, konnte er ihr erst kein Denkmal setzen, da er mit der strategischen Planung und Durchführung des Krieges, der als der Siebenjährige Krieg in die Geschichte eingehen sollte, gegen Österreich (1756–1763) befaßt war. Nach dessen Beendigung jedoch entwarf er selbst diesen offenen Monopteros und gab Wilhelmines Marmorsitzbild bei den Bildhauer-Brüdern Johann David und Johann Lorenz Räntz aus Bayreuth in Auftrag.

Den westlichen Abschluß des Parks bildet das **Neue Palais ⓯**, die letzte Schöpfung Friedrichs des Großen im Park von Sanssouci. Mit diesem kostspieligen Schloßbau, der fürstliche Gäste und Familienmitglieder beherbergen sollte, wollte er der Welt unmittelbar nach Ausgang des Siebenjährigen Krieges zeigen, daß Preußen nicht am Ende sei. So errichteten die Baumeister Johann Gottfried Büring und Carl von Gontard zwischen 1763 und 1769 den hohen und breitgelagerten Bau, zu dem auf der Hauptzufahrtsseite auch zwei kleinere Wirtschaftsgebäude, die sogenannten *Communs* mit der schön geschwungenen *Kolonnade* und dem eindrucksvollen *Triumphbo-*

Seite 41

gen in der Mitte gehören. Hier haben seit der Wende das Rektorat und verschiedene Institute der *Universität Potsdam* ihren Sitz. Ein besonderes Erlebnis ist eine Besichtigung des *Grottensaals* im Erdgeschoß des Neuen Palais, ein mit unzähligen Muscheln, Korallen, Fossilien, Mineralien, Marmor und Glasschlacke ausgelegter Prachtsaal, in dem die kaiserliche Familie der letzten Jahrhundertwende ihre Weihnachtsfeier zu begehen pflegte. (🕒 Mi–Mo April bis 15. Okt. 9–17, 16.–31. Okt., Febr. bis März 9–16, Nov. bis Jan. 9–15 Uhr; 12.45–13.15 Uhr geschl.)

Weiter südwestlich gerät man in einen stilleren Parkteil von Sanssouci, der drei Preußenherrscher-Generationen später auf Initiative Friedrich Wilhelms IV. bebaut und bepflanzt wurde. Dazu gehört auch die einst königliche **Fasanerie** ⓰ im italienischen Landhausstil, in der heute Angestellte der Schlösserverwaltung wohnen. Auf dem Weg von der Fasanerie zum Charlot-

Das Belvedere war das letzte Bauvorhaben Friedrichs des Großen

Für die Prinzen zum Spielen – eine Miniausgabe der Festung Küstrin

Eine wechselvolle Männer-Beziehung

François Marie Arouet, besser bekannt unter dem Namen Voltaire, war drei Jahre lang Gast am Hofe Friedrichs des Großen. Der Fürst Preußens hatte den Fürst der französischen Aufklärung auf unbestimmte Zeit bei freier Kost und Logis an seinen Musenhof Sanssouci geladen. Voltaire las Friedrichs Gedichte Korrektur, man philosophierte, historisierte und verfaßte gemeinsam Bühnenstücke. Voltaire war Gast in der berühmten *Tafelrunde in Sanssouci,* bei der auch honorige Mitglieder der Akademie der Wissenschaften zugegen waren. Im Westflügel von Schloß Sanssouci gibt es zwar ein Voltaire-Zimmer, bewohnt hat er es aber nie. Aus seiner Wohnung in der Stadt schrieb Voltaire an seine Nichte: „Es ist wahr, daß Potsdam von Schnurrbärten und Grenadiermützen bewohnt ist; aber Gott sei Dank, ich sehe sie gar nicht. Ich arbeite friedlich in meinem Zimmer bei Trommelwirbel." Voltaire war ein Meister der Ironie, selbst sein Lob war selten frei von Spott – Friedrich zeigte sich zunehmend pikiert. Eine kleine finanzielle Unregelmäßigkeit, durch die Friedrich sich ausgenutzt fühlte, brachte das Faß zum Überlaufen. Abrupt reiste Voltaire im Frühjahr 1753 ab, wurde aber auf Veranlassung des Königs bei Frankfurt am Main ergriffen und solange unter Hausarrest gestellt, bis er einen entliehenen Gedichtband zurückgegeben hatte – das Zerwürfnis war da. Doch nach einer Zeit des Stillschweigens nahm man den Briefwechsel wieder auf. Über alle Konflikte und Entfremdungen hinweg pflegten beide bis zu Voltaires Tod im Jahre 1778 letztlich eine geistig fruchtbare Beziehung, die immerhin vier Jahrzehnte andauerte.

1

Seite 41

tenhof durchquert man auch das *Hippodrom,* eine ovale Gartenanlage, die 1836 nach dem Vorbild antiker römischer Reitanlagen gestaltet wurde. Im Sommer laden hier Parkbänke zu einer Verschnaufpause ein.

Hinter den Gehölzgruppen öffnet sich der Blick über den *Dichterhain,* wo Büsten italienischer und deutscher Schriftsteller der Hochklassik die kastanienbepflanzten Wege säumen, auf **** Schloß Charlottenhof ⑰**. Weit umfaßt von einer großzügigen Parklandschaft, die der berühmte preußische Gartenarchitekt Peter Joseph Lenné im englischen Stil anlegte, ruht das klassizistische Schlößchen auf einer sanften Anhöhe. Noch als Kronprinz erhielt Friedrich Wilhelm das alte Landgut, benannt nach seiner Besitzerin Marie Charlotte von Gentzkow, von seinem Vater als Geschenk und ging im selbem Jahr 1826 gemeinsam mit seinem Lieblingsbaumeister Karl Friedrich Schinkel an die Umgestaltung. Die schlicht und teilweise biedermeierlich eingerichteten Innenräume zeigen die Privatgemächer des Kronprinzenpaares. Besonderen Spaß haben Besucher am sogenannten *Zeltzimmer,* in dem man sich wie in einem Beduinenzelt vorkommt. Blau-weiß gestreifte Stoffbahnen überziehen Decken und Wände und drapieren die Bettgestelle – einfach aus Freude am Ungewöhnlichen. In diesem Raum schlief ab 1835 gelegentlich der Forscher Alexander von Humboldt, als er für fünf Jahre im Dienst Friedrich Wilhelms III. stand (🕓 11. Mai–13. Okt. Do–Di 9–12.30 und 13–17 Uhr).

In der glatten Wasseroberfläche des *Maschinenteichs* spiegelt sich die Gebäudegruppe der **Römischen Bäder ⑱**, so genannt wegen einiger Räume im nördlichen Teil, die Ludwig Persius 1844 im Auftrag von Friedrich Wilhelm IV. in antikisierender Manier gestaltete. Die kostbare Badewanne im *Atrium* aus einem einzigen Block rosagrünlichen Jaspis' machte Zar Nikolaus I. seinem Schwager Friedrich Wilhelm zum Geschenk. Damit harmoniert der Ton der Wände in einem pompejanisch wirkenden Rotbraun, und auch die italianisierenden *Landschaftsfresken* mit dem Golf von Neapel passen dazu. Gebadet wurde hier allerdings nie: die Räume dienten eher der Freude am Schönen. Der östliche, rechts vom Weg liegende Gebäudekomplex im italienischen Landhausstil mit dem *Turm* beherbergt das *Hofgärtnerhaus* und einen *Teepavillon*. Besonderes Augenmerk verdienen hier die phantasievoll und exotisch bunt bemalten Tapeten aus der Zeit um 1800 (🕓 11. Mai bis 13. Okt. Fr–Mi 9–12 und 12.30 bis 17 Uhr). Etwas weiter passiert man die kleine Brücke über den Wassergraben an der *Meierei*. Der Graben bildet die Nahtstelle zwischen dem alten friderizianischen und dem neuen Parkgelände des 19. Jhs.

Schon von weitem blitzen und glänzen die goldenen Figuren und Ornamente des **Chinesischen Teehauses ⑲** in der Sonne. Dieses gelungene Beispiel für die im 18. Jh. nach Europa gekommene Chinamode, ließ sich Friedrich der Große 1754 von Johann Gottfried Büring erbauen. Generationen von Hohenzollern sammelten ostasiatische Lackgegenstände, Porzellane, Tapeten und Stoffe. Doch das Teehaus diente nicht als Aufbewahrungsort dieser Sammlungen, sondern als Ort für kleinere gesellschaftliche Lustbarkeiten. Das Figurenensemble rund um den Außenbau verkörpert ein musizierendes Orchester, eine Tänzerin sowie Ananas essende, Kaffee und Tee trinkende Zuhörer. Der innere Rundsaal mit den drei kleinen Kabinetten zeigt eine phantasievolle und kuriose Dekkenmalerei mit lachenden Chinesen und feixenden Äffchen, die sich köstlich über den Betrachter zu amüsieren scheinen (🕓 11. Mai bis 13. Okt. Sa–Do 9–12 und 12.30–17 Uhr).

Zurück auf dem Hauptweg und weiter durch den Marlygarten gelangt man zur **Friedenskirche ⑳**, eine besonders stimmungsvolle Gesamtkomposition, die Ludwig Persius im Auftrag

1
Seite 41

König Friedrich Wilhelms IV. nach dem Vorbild von San Clemente in Rom entwarf, die jedoch von Stüler in den Jahren 1845–1854 errichtet wurde (🕓 Ostern bis 15. Okt. tgl. 10–18 Uhr). Vorgelagert sind ein *Atrium*, ein *Glokkenturm*, der *Kreuzgang* und verschiedene Gebäude der *Pfarrei*. Nicht umsonst wurde die Kirche 1848 nach Niederschlagung der Märzrevolution geweiht; der König hatte die theoretische Vorstellung, die aus den Fugen geratene staatliche Ordnung durch eine kirchliche Neuordnung wieder festigen zu können.

Das Neue Palais bildet den westlichen Abschluß des Parks

Der in warmen Tönen ausgestattete Innenraum beherbergt ein kostbares Apsismosaik aus einer seinerzeit abgerissenen Kirche auf Murano bei Venedig. In einer *Gruft* unter dem Chorraum befindet sich die Grablege des Bauherrn Friedrich Wilhelm IV. und seiner Gemahlin Elisabeth. Das benachbarte *Mausoleum* stammt aus neubarocker Zeit. Der große Kuppelbau dient als Grablege der Hohenzollern. Hier sind die Marmorsarkophage Friedrich Wilhelms I., des Soldatenkönigs, des 99-Tage-Kaisers Friedrich III., seiner Gemahlin Victoria und zwei ihrer Kinder aufgestellt (Einsicht vom 15. Mai bis 15. Okt. durch das Portalgitter möglich).

Detail am Neuen Palais

Durch die schmale *Erlöserpforte* hinter dem Mausoleum gelangt man wieder auf die Hauptallee vor dem Schloß. Einen schönen Abschluß des Rundgangs bildet das **Obeliskenportal** ㉑ an der *Schopenhauerstraße*, das man alternativ auch als Ausgangspunkt des Spaziergangs wählen könnte. Das Portal ist nach dem mächtigen Obelisken davor benannt, für den Knobelsdorff sich 1748 Phantasiehieroglyphen ausdenken mußte, weil Friedrich es so wünschte.

Die Römischen Bäder – in denen seltsamerweise niemals gebadet wurde

Weg 2

2

Seite 47

Spaziergang durch die Altstadt

Nikolaikirche – Marstall – Potsdam-Museum – *Wasserwerk in der Moschee – Persius-Speicher – *Am Neuen Markt

Im Spannungsfeld zwischen kurfürstlicher Planungsgroßzügigkeit, Schinkelscher Ordnungsliebe, sozialistischem Gestaltungseifer und zeitgenössischen Sanierungsversuchen – so stellt sich Potsdams Altstadt heute dar. Der Rundgang dauert etwa fünf Stunden. Startpunkt ist der Platz Am Alten Markt vor der Nikolaikirche, wo man auch bequem seinen Pkw abstellen kann (🚌 91–93, 96, 98).

Potsdams „gute Stube“, das war einmal der *Alte Markt*. Hier säumten Nikolaikirche, Altes Rathaus, Knobelsdorffhaus, Stadtschloß, Palazzo Barberini und mehrere prächtige Bürgerhäuser den Obelisken in der Mitte. Die englische Bombardierung am 14. April 1945 legte große Teile des Alten Marktes in Trümmer.

Für die Beseitigung der durchaus wieder aufbaufähigen, aber damals eben ungeliebten *Stadtschloßruine* sorgten 1960 die ideologischen Vorbehalte der sozialistischen Politiker. Auch der Palazzo und die Bürgerhäuser sind verloren. Kommunal- und Landespolitiker aller Parteien plädieren seit längerem für den Neubau des Stadtschlosses. Hier könnte der Landtag einziehen und hätte seinen Sitz sinnvollerweise recht bürgernah mitten in der Stadt. Von der Finanzierung einmal abgesehen, wird dabei allerdings noch zu überlegen sein, ob man ein modernes Gebäude auf altem Grundriß will oder sich sogar nach den alten Bauplänen an einen möglichst originalgetreuen Nachbau heranwagt. Um den Bürgern die Ausmaße einmal nahezubringen, pflanzte das Grünflächenamt eine Reihe von Pappeln und Hecken auf dem alten Grundriß. Bis über die Bebauung des Platzes endgültig entschieden ist, erhielt das *Hans-Otto-Theater* 1992 hier erst einmal einen provisorischen Theaterbau, wegen seiner Metallverkleidung von den Potsdamern als „Blechbüchse“ betitelt (s. S. 20).

Weithin sichtbar ist die schöne Kuppel der klassizistischen **Nikolaikirche** ㉒, derentwegen es sogar zu Unstimmigkeiten zwischen dem Auftraggeber Friedrich Wilhelm III. und seinem Architekten Karl Friedrich Schinkel kam.

Der König wollte bei ihrer Erbauung 1826 kein zusätzliches Geld für eine Kuppel ausgeben und ordnete ein Flachdach an. Kaum war der kunstliebende Sohn Friedrich Wilhelm IV. auf dem Thron, durfte Schinkel seine Kuppel nachträglich daraufsetzen. Von den einstigen Wandfresken im Innenraum und den bunten Glasfenstern ließ die Bombennacht 1945 nichts übrig. Die Nachkriegsrestaurierung in den 70er Jahren erweckt einen sehr nüchternen Eindruck (🕓 Mai bis Okt. 10–17, Nov. bis April 14–17 Uhr).

Im rechten Winkel zur Kirche steht das 1753 von Jan Bouman d. Ä. erbaute **Alte Rathaus** ㉓. Hoch oben auf dem Turm glänzt eine vergoldete Skulptur in der Sonne; sie stellt Atlas dar, der die Weltkugel auf seinen Schultern trägt. In den Jahren bis 1875 diente der Turm als Stadtgefängnis, und so sagte man eben, wenn jemand hier eingebuchtet war, „er sitzt unter der Puppe“.

Seit DDR-Zeiten ist hier das Kulturhaus untergebracht, in dem regelmäßig Konzerte, Podiumsdiskussionen und Filmabende stattfinden. 1960 wurde es durch einen Gang mit dem barocken *Knobelsdorffhaus* verbunden, das von diesem Architekten 1750 als bürgerliches Wohnhaus errichtet wurde.

Nicht weit entfernt braust der Verkehr über die *Lange Brücke*. Wer nach links über das Geländer blickt, schaut auf die **Freundschaftsinsel** ㉔, zu beiden Seiten umflossen von der Alten und Neuen Fahrt, wie die geteilte Havel hier heißt.

Vom Frühjahr bis in den Herbst grünt und blüht es nur so auf der Freundschaftsinsel, und bei einem Spaziergang kann man zudem noch etliche Skulpturen betrachten, die hier 1966 anläßlich der Ausstellung *Plastik im Freien* aufgestellt wurden.

Rechts von der Brücke, direkt am Ablegepier der Weißen Flotte, hinter dem Hochhaus-Hotel Mercure, findet sich noch ein Rest der barocken **Ringerkolonnade** ㉕. Diese korinthische Säulenreihe mit den Kämpferfiguren zwischen den einzelnen Säulen stammt aus friderizianischer Ära und verband einst das Stadtschloß mit dem gegenüberliegenden Marstall. Auf diese Weise entstand ein großer Platz, der heute nicht mehr vorhandene *Lustgarten*, der dem preußischen Militär zum Exerzieren und für Paraden diente.

Der langgezogene **Marstall** ㉖, sehr gut an seinem rotbraunen Farbanstrich und den wildbewegten Pferde- und Reiterskulpturen über dem Giebel zu erkennen, entstand 1685 auf Veranlassung des Großen Kurfürsten – und zwar als Orangerie. Erst der Sol-

Die Kuppel der Nikolaikirche

㉒ Nikolaikirche
㉓ Altes Rathaus
㉔ Freundschaftsinsel
㉕ Ringerkolonnade
㉖ Marstall
㉗ Glockenspiel der Garnisonkirche
㉘ Potsdam-Museum
㉙ Obelisk am Neustädter Tor
㉚ Wasserwerk in der Moschee
㉛ Persius-Speicher
㉜ Großes Militärwaisenhaus
㉝ Kutschstall

2
Seite 47

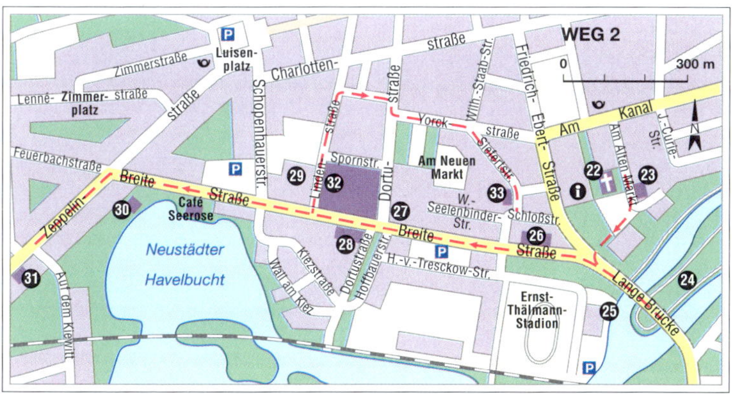

2

Seite 47

datenkönig erkannte den praktischen Nutzen des Gebäudes für seine Zwecke und ließ dort die Pferde seiner Kavallerie unterbringen.

Zu DDR-Zeiten wurde der Marstall restauriert, zum *Filmmuseum* umgebaut, und es hat sich seitdem zum beliebtesten Museum Potsdams gemausert. Cineasten kommen hier voll auf ihre Kosten, denn die Ausstellungsräume sind unter anderem mit den ungewöhnlichsten Filmrequisiten aus den Babelsberger Filmstudios gespickt, darunter Kostüme von Marlene Dietrich und Zarah Leander oder die Schuhe vom Kleinen Muck. Lieblingsstück der meisten Besucher ist die „Welte-Kinoorgel" aus der Anfangszeit des Films, auf der die Stummfilme musikalisch begleitet wurden (🕓 Di–Fr 10–17, Sa bis So 10–18 Uhr, ☎ 27 18 10).

Das Bild der Breiten Straße, die an den beiden alten *Torhäuschen* rechts und links beginnt, hat sich in den 60er und 70er Jahren sehr verändert, denn was die Bomben 1945 nicht zerstört haben, fiel der Anlage einer modernen „sozialistischen Magistrale" zum Opfer.

Die Abrißphase begann mit der *Garnisonkirche,* die bis 1968 auf dem Gelände des *Rechenzentrums* an der Ecke zur *Dortustraße* stand. Seit Anfang der 70er Jahre sind die Wände des Rechenzentrums mit zeitgeschichtlich interessanten Mosaiktafeln versehen. Auf 18 Bildern verkünden Arbeiterbrigaden und moderne Apparate die damals hochaktuelle „wissenschaftlich-technische Revolution" der DDR.

Die Garnisonkirche entstand im Auftrag des Soldatenkönigs, denn hier feierte der strenggläubige Monarch zusammen mit seiner Armee die Gottesdienste. Ein Wiederaufbau der Kirche, oder eventuell auch nur ihres Turms, erhitzt die Gemüter weit über Potsdams Grenzen hinaus. Den Befürwortern ist sie das Symbol löblicher preußischer Tugenden wie Fleiß und Disziplin. Die Gegner allerdings befürchten eine neue Heimstätte militaristischer Kulte.

Auf dem freien Platz dahinter erklingt jede halbe Stunde ein Nachbau des historischen **Glockenspiels der Garnisonkirche ㉗** mit den Melodien „Lobe den Herren" und „Üb' immer Treu' und Redlichkeit".

Schräg gegenüber, in der Breiten Straße 8–12 residiert das **Potsdam-Museum ㉘** in den *Hiller-Brandtschen Häusern.* Die drei Gebäude mit den auffällig dekorierten Palastfassaden, hinter denen sich einfache Bürgerwohnungen verbargen, sind nach ihren Erbauern, dem Kaufmann Hiller und dem Schneider Brandt benannt. Innen zeigt das Museum kulturhistorische und politische Sonderausstellungen zu berlin-brandenburgischen Themen (🕓 Di–So 9–17 Uhr, ☎ 2 89 66 00).

Der **Obelisk am Neustädter Tor ㉙** hatte bei seiner Errichtung im Jahre 1753 einen Zwillingsbruder, mit dem zusammen er ein Tor in der barocken Stadtmauer bildete. Durch den Zweiten Weltkrieg ging dieser Zusammenhang jedoch verloren.

Die seltsam anmutenden Hieroglyphen auf dem Obelisken sind eine Erfindung des Architekten von Knobelsdorff. Die Spitze war früher von einem steinernen Adler bekrönt, der aber zu schwer war und bei stürmischem Wetter herunterzustürzen drohte.

Auf der gegenüberliegenden Straßenseite öffnet sich die *Neustädter Havelbucht* und gibt den Blick frei auf den elfgeschossigen *Wohnkomplex* Auf dem Kiewitt.

Das historische ***Wasserwerk in der Moschee ㉚** verrichtet auch heute noch seine technischen Dienste und kann gleichzeitig als Museum besucht werden. Ludwig Persius errichtete das Pumpwerk 1842 zur Wasserversorgung der Fontänenanlage im Park Sanssouci. Da Friedrich Wilhelm IV. keine fabrikähnlichen Bauten in der Umgebung seiner Schlösser duldete, camouflierte

Persius das Dampfmaschinenhaus als maurische Moschee und den Schornstein als Minarett. Die Vorführung der alten 81,4 PS starken Borsig-Maschine sollte sich niemand entgehen lassen. (11. Mai bis 13. Okt. Sa bis So 9–17, 14. Okt. bis 10. Mai Sa–So 9–16 Uhr; 12–13 Uhr geschl.)

An dieser Stelle lohnt ein Abstecher zum **Persius-Speicher ㉛**, in der *Zeppelinstr.* 136. Dieser alte Getreidespeicher direkt am Havelufer, einst mit einer Dampfmühle der Preußischen Seehandlung betrieben, stammt ebenfalls von Persius. Einen Teil des umgebauten Königlichen Speichers bezog das *Seidler art'otel* (s. S. 26). Die Pläne für eine *Städtische Kunsthalle* in einem anderen Gebäudeteil liegen wegen leerer Kassen seit längerem auf Eis.

Zurück in der *Lindenstraße,* stößt man auf ein imposantes Gebäude, das **Große Militärwaisenhaus ㉜**, das der Soldatenkönig Friedrich Wilhelm I. 1722 als Erziehungsanstalt für verwaiste Soldatenkinder stiftete. Zeitweise waren hier unter nicht immer menschenwürdigen Umständen bis zu 2000 Knaben und 500 Mädchen untergebracht. Die weitere Nutzung des riesigen öffentlichen Komplexes steht noch aus.

Durch die *Yorckstraße,* in deren Mitte einst der *Stadtkanal* floß, und die *Siefertstraße* gelangt man zu Potsdams schönstem und intimstem Platz – ***Am Neuen Markt.** Im Sommer ist das stille Flair der morbiden Häuser ringsum ein echter Geheimtip, das man vom Biergarten des *Café-Restaurants Waage* besonders genießen kann (🕓 Mi 18–1, Do–Mo 12–1 Uhr, ☎ 2 70 96 74; $).

Bestimmend für die Atmosphäre des Platzes ist die Fassade des **Kutschstalls ㉝**. Er wurde 1787 durch Andreas Ludwig Krüger als „Parkhaus“ oder Gefährtgarage der Königlichen Karossen errichtet. Über dem Portal ist noch die Pferdequadriga mit dem Kutscher Pfund zu sehen, ein realistisches Porträt des Leibkutschers Friedrichs des Großen!

Friedrich Wilhelm von Steuben

F. W. von Steuben

Etwas verloren, hinter dem Filmmuseum am Neuen Markt, steht seit 1994 wieder das Denkmal Friedrich Wilhelm von Steubens (1730–1794), dem Helden des nordamerikanischen Unabhängigkeitskrieges. Als junger Quartierleutnant in der Armee Friedrichs des Großen ordentlich gedrillt, wanderte Steuben nach Ende des Siebenjährigen Krieges in die Neue Welt aus, übernahm die völlig demoralisierte Unabhängigkeitsarmee und führte sie als General an der Seite George Washingtons für Freiheit und Demokratie zum Sieg. 1911 hatte der amerikanische Kongreß deshalb den Potsdamern ein Steuben-Denkmal geschenkt, das 1950 aber aus fadenscheinigen Gründen der Rohstoffgewinnung eingeschmolzen wurde. Noch heute ehrt Amerika diesen Preußen jedes Jahr am 12. September mit der berühmten Steuben-Parade in New York – und mit dabei ist auch der Potsdamer Fanfarenzug.

Seite 47

Weg 3

Die „gelbe" und die „rote" Stadt

Seite 51

***Brandenburger Tor – *Stasigefängnis – **Holländisches Viertel – *Kirche St. Peter und Paul**

Die „Zweite barocke Stadterweiterung", wie der nördliche Teil der Potsdamer Innenstadt auch genannt wird, gab der Soldatenkönig in Auftrag. Alle Häuser, zwischen 1732 und 1742 erbaut, wurden in das strenge Korsett von Karrees gestellt. Da gibt es die „gelbe" – viele ockergelb verputzte Bürgerhäuschen – und die „rote" Stadt, das aus Backstein erbaute Holländische Viertel. Aber nicht alles entspringt der Geschichte. Immer stärker fordern die Ansprüche an Freizeitvergnügen und Kommerz ihren Tribut, und so haben sich allerhand Kneipen, Geschäfte, Kunstgalerien und hie und da auch Hausbesetzer etabliert. Ausgangspunkt des Rundgangs ist das Brandenburger Tor am Luisenplatz (kostenpflichtige Parkmöglichkeit für Pkws; 🚌 692, 695, 697; Straßenbahn 91, 94, 96, 98).

Nicht nur Berlin, auch Potsdam hat sein ***Brandenburger Tor ㉞**! Es ist zwar in aller Welt nicht so bekannt, dafür aber um zwölf Jahre älter. Es wurde 1779 als westlicher Stadtausgang errichtet. Die dazugehörige Stadtmauer verlief in dieser Zeit von dem Restaurant-Gebäude *Alter Stadtwächter* an der Südseite des Luisenplatzes bis zum Tor und weiter entlang der Schopenhauerstraße nach Norden.

Gleich zwei Architekten beschäftigte Friedrich der Große hier, Carl von Gontard gestaltete die Stadt- und Georg Christian Unger die Feldseite. 1995 sorgte der auffallend hellgelbe Anstrich des Tores für einige Diskussionen, denn es ist fraglich, ob dieser dem originalen barocken Farbton entspricht.

Ziemlich ruinös sieht es noch in der Gutenbergstraße aus. Die wertvollen, alten Häuser wurden zu DDR-Zeiten grob vernachlässigt. Nach der Wende zog eine vehemente und trotzige Hausbesetzerszene ein. Doch auch hier gibt es Anzeichen für einen Aufbruch zur Regenerierung: nämlich das einfühlsam restaurierte Fachwerkhaus Nr. 103.

Dieses sogenannte **200-Taler-Haus ㉟** hatte der Soldatenkönig 1738 an den Zeugmacher Schißlani für 200 Taler verkauft. Nun befinden sich hier eine *Galerie* und eine *Gaststube*.

Ein Gang durch die *Lindenstraße*, die sich mit ihren barocken Giebelhäusern immer mehr zu einer schnuckelig netten Einkaufsstraße mit kleinen Einzelhandelsgeschäften entwickelt, führt zu einer Einrichtung aus jüngster Vergangenheit, die noch heute viele Potsdamer bewegt, dem ***Stasigefängnis ㊱**. Kurz nach der Wende sorgten Mitglieder des Neuen Forums und rührige Mitarbeiter des Potsdam-Museums für die Sicherstellung der zurückgelassenen Stasiakten, Möbel und Gerätschaften im Haus Nr. 54. Während einer Führung durch den Zellentrakt wird von der bedrückenden Geschichte des Hauses berichtet: Die Preußen gaben hier dem Stadtkommandanten seinen Sitz, später tagte hier das Erbgesundheitsgericht der Nazis, und schließlich führte hier der sowjetische Geheimdienst seine Verhöre (Besichtigung nur im Rahmen von Führungen des Potsdam-Museums, ☎ 2 89 68 03).

An der Kreuzung von Lindenstraße/ Jägerallee und Hegelallee steht das **Jägertor ㊲**. Es wurde 1733 nach einem Entwurf von Peter von Gayette errichtet und ist heute das älteste und am besten erhaltene der noch vorhandenen vier Potsdamer Stadttore. Über dem Gesims trägt der schmale Torbogen die Skulpturen einer jagenden Hundemeute, die einen Hirschen stellt, rechts und links begleitet von vergoldetem Trophäenschmuck. Damit deutete der Künstler die Feldseite des Tores an, denn stadtauswärts führte die Jägerallee einst zur kurfürstlichen Fasanerie.

Weiter ostwärts, am anderen Ende der *Hegelallee*, erhebt sich an der Friedrich-Ebert-Straße das **Nauener Tor ㊳**. Friedrich der Große, der sich gern anhand von Kupferstichen über das Aussehen von Bauwerken aus aller Welt inspirieren ließ, ordnete 1754 an, daß dieses Tor mit den mittelalterlichen Burgzinnen und zwei Türmen nach dem Vorbild des schottischen Schlosses Inverary Castle zu bauen sei.

Wenige Meter neben dem Café Heider liegt in der Friedrich-Ebert-Straße 17 die repräsentative **Große Stadtschule ㊴**, an der das schöne schmiedeeiserne Wappen mit den Initialen ihres Erbauers, Friedrich Wilhelm I., nicht zu übersehen ist. Der berühmteste Absolvent der Schule war Heinrich von Kleist, der hier sein Abitur machte.

Zu einem immer attraktiveren Anziehungspunkt Potsdams entwickelt sich verstärkt das **** Holländische Viertel ㊵**. Zum einen lockt die Besonderheit der Architektur, zum anderen macht ein Bummel durch die *Kunsthandwerks-* und *Modeläden*, die *Musikerwerkstät-*

Das Potsdamer Brandenburger Tor ist um 12 Jahre älter als das bekanntere in Berlin

㉞ Brandenburger Tor
㉟ 200-Taler-Haus
㊱ Stasigefängnis
㊲ Jägertor
㊳ Nauener Tor
㊴ Große Stadtschule
㊵ Holländisches Viertel
㊶ Französische Kirche
㊷ Kirche St. Peter und Paul

3

Seite 51

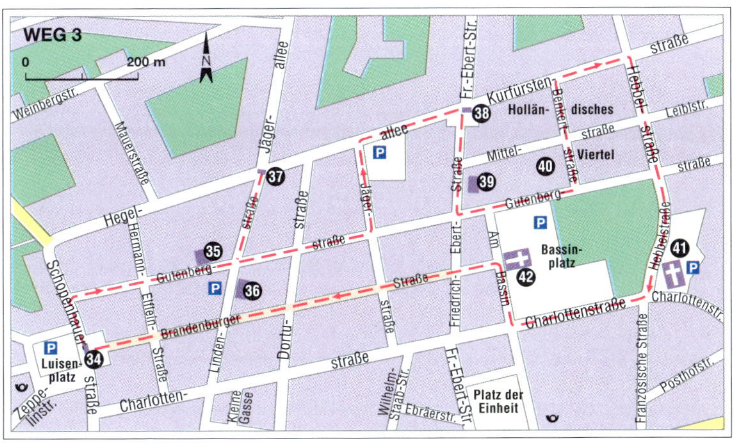

ten, Galerien und urigen *Kneipen* immer mehr Spaß. In vier Karrees, gelegen zwischen Kurfürsten- und Gutenbergstraße sowie Hebbel- und Friedrich-Ebert-Straße, ließ der Soldatenkönig von 1732 bis 1744 insgesamt 134 Häuser errichten, in denen er zur Bereicherung der preußischen Wirtschaft aus Holland angeworbene Handwerker und Künstler wohnen ließ, von denen aber letztendlich nur wenige Familien hier länger wohnen blieben. Zwei einander kreuzende Straßen, die *Benkert-* und die *Mittelstraße,* durchziehen die roten Backsteingevierte, in denen sich die weiß-grünen Blendläden und die hölzernen Toreinfassungen so hübsch ausmachen. Wer hier entlangschlendert, wird den unterschiedlichen Erhaltungszustand der Häuser, von völlig heruntergekommen bis tipptopp saniert, feststellen. Größtes Hemnis für eine allseits sinnvolle Nutzung sind auch hier zum Teil ungeklärte Besitzverhältnisse, die aus der oft jahrelangen Bearbeitung von Rückführungsanträgen resultieren. Während der Restaurierungsarbeiten tauchen immer wieder originelle Fundstücke aus vergangenen Jahrhunderten auf. Von Kaminen und Fenstern aus dem Barock, über Wandmalereien aus der frühen Schinkel-Zeit, bis zu Kamm und Kopfhaube einer Biedermeierdame wurde hier schon alles entdeckt.

3

Seite 51

Die **Französische Kirche** ㊶ liegt etwas versteckt am südöstlichen Ende des Bassinplatzes. Friedrich der Große ließ das kleine, runde Gotteshaus 1751, nach Entwurf von Knobelsdorff, für die Potsdamer Hugenotten errichten; als Vorbild diente das Pantheon in Rom. Seit der Wende wird sie wieder von der Französisch-Reformierten Gemeinde genutzt (wegen Restaurierung bis Ende 1998 geschlossen).

Am *Bassinplatz,* wo von Montag bis Samstag der Potsdamer *Wochenmarkt* brodelt, überragt der 63 m hohe Glokkenturm der *** Kirche St. Peter und Paul** ㊷ alle umliegenden Gebäude. Der Schinkel-Schüler Wilhelm von Salzenberg erbaute das katholische Gotteshaus (Entwurf von Stüler) 1867 nach dem Vorbild der Hagia Sophia. Hervorzuhebende Kunstschätze sind die drei Seitenaltargemälde von Antoine Pesne, dem Lieblingsmaler Friedrichs des Großen (🕓 keine festen Öffnungszeiten, Interessenten wenden sich an das Pfarrbüro, Hegelallee 55). Direkt hinter der Kirche erinnert der *Sowjetische Friedhof* mit einem *Ehrenmal* an die gefallenen Rotarmisten des Zweiten Weltkriegs.

Um zum Brandenburger Tor, dem Ausgangspunkt des Spaziergangs, zurückzukommen, bietet sich ein Bummel über Potsdams Haupteinkaufsmeile, die Fußgängerzone der *Brandenburger Straße* an.

Die Kirche St. Peter und Paul

Wo Tucholsky sein Bier schlürfte

In den Räumen des Literatur-Hauses Hegelallee 53 hat seit 1887 die bekannte Druckerei Stein ihren Sitz. Lange Jahre hindurch wurde hier die *„Weltbühne"* gedruckt, jene *Zeitschrift für Politik, Kunst und Wirtschaft,* die vor allem in den 20er Jahren mit gnadenloser Beobachtungsgabe und bissiger Satire als Sprachrohr der unabhängigen, intellektuellen Linken für Unruhe unter den Konservativen sorgte. Mitherausgeber war der Schriftsteller Kurt Tucholsky (1890–1935), der sich samstags gern bei einem Bierchen im benachbarten Café Rabien, in der Friedrich-Ebert-Straße 29 (heute Café Heider), aufhielt, wohin ihm ein Bote die Druckfahnen zum Korrekturlesen brachte. Ab 1927 war Carl von Ossietzky Chefredakteur der „Weltbühne".

Weg 4

Von der Glienicker Brücke zum Schloß Cecilienhof

**** Glienicker Brücke – Neuer Garten – *** Schloß Cecilienhof – * Palais Lichtenau – Berliner Vorstadt – Sacrower Halbinsel**

4

Seite 57

Dieser Weg führt zu der legendären Glienicker Brücke (Straßenbahn 93), dann am Ufer des Jungfernsees entlang zum Schloß Cecilienhof im Neuen Garten. Der Park liegt direkt am Heiligen See und ist mit seiner kuriosen Kleinarchitektur ein ganz besonderes Vergnügen. Zur Entspannung kann man in den gemütlichen Räumen von Schloß Cecilienhof ein Täßchen Kaffee oder ein feines Mittagsmahl zu sich nehmen. Für diesen landschaftlich schönen Spaziergang am Wasser sollte man sich mindestens einen halben Tag Zeit nehmen.

Die **** Glienicker Brücke** ㊸ ist eine von etwa zehn Verbindungen zwischen der Insel Potsdam und dem Umland, in diesem Fall dem Land Berlin. Gern verweilen Spaziergänger und Fahrradfahrer für einen Moment auf der Brücke und lassen den Blick schweifen: Wer über das Südgeländer schaut, hat das *Babelsberger Schloß* (s. S. 68) am Ufer des *Tiefen Sees* und die *Glienicker Lake* vor Augen, vom Nordgeländer hingegen geht die Sicht auf den *Schloßpark Klein-Glienicke* und über den Jungfernsee auf die *Sacrower Heilandskirche* in die Ferne.

Unterhalb der Brücke befindet sich eine Anlegestelle, von der aus regelmäßig Schiffe nach Sacrow ablegen (s. S. 58). Die Stahlträgerbrücke in ihrem jetzigen Zustand stammt von 1949. Die Vorgängerin aus dem Jahr 1905 wurde im April 1945 von den sowjetischen Truppen gesprengt. Ab 1952 konnte sie von Zivilisten nur noch mit Sondergenehmigung passiert werden. Nach dem Mauerbau war auch das vorbei. Berühmt-berüchtigt wurde die Glienicker Brücke in den 60er Jahren als Nahtstelle des heimlichen Ost-West-Agentenaustausches bei Nacht und Nebel; hier wurden später zumeist politische Häftlinge in den Westen „abgeschoben".

Von der Glienicker Brücke aus führt die *Schwanenallee* an zahlreichen eindrucksvollen Potsdamer Stadtvillen der *Berliner Vorstadt* (s. S. 58) vorbei und direkt am Ufer des *Jungfernsees* entlang (für Autos gesperrt).

Über den *Hasengraben,* der den Jungfern- mit dem Heiligen See verbindet, betritt man den *Neuen Garten,* mit seinen knapp 75 ha der zweitgrößte Park der Potsdamer Kulturlandschaft.

Nach langen Verhandlungen hatte Friedrich Wilhelm II. vor 1791 mehrere Grundstücke erworben und sie zu einem Gartengelände zusammengelegt. Aus dem Dessau-Wörlitzer Kulturkreis wurde der Gartenkünstler *Johann August Eyserbeck* nach Potsdam berufen, um einen Plan für die Anlage des Parks zu entwerfen; eine Generation später hat ihn *Peter Joseph Lenné* im Stil eines englischen Landschaftsgartens überarbeitet. Kleine Hügel, sanft geschwungene Wege und die weiten Sichtachsen zwischen verhangenen Bäumen, halbhohen Büschen und blühenden Blumen geben dem Park eine sehr romantische Atmosphäre.

Der Hauptanziehungspunkt im Park ist ***** Schloß Cecilienhof** ㊹. Das stimmungsvolle Fachwerkgebäude mit den vielen, unterschiedlich verzierten Schornsteinen auf dem Dach wurde 1917 als letzte Hohenzollernresidenz von Paul Schultze-Naumburg im englischen Landhausstil errichtet. Der älteste Sohn Kaiser Wilhelms II., Kronprinz Wilhelm, und seine Gemahlin, Kronprinzessin Cecilie von Mecklenburg-Schwerin, bewohnten ihr Domizil jedoch nur kurze Zeit, denn nach der

Abdankung im Jahr 1918 verließ die Familie Potsdam. In dem Schloß mit seinen 176 Gemächern hat seit Jahren das *Schloßhotel Cecilienhof* seinen Sitz (s. S. 26). So tafeln heute die Restaurantgäste im gemütlichen, einst kronprinzlichen Speisesaal. Wegen seiner Historie und des gediegenen Ambientes avanciert das Hotel allmählich zur ersten Adresse in Potsdam; der rote Teppich bei Staatsempfängen wird jedenfalls hier ausgerollt. Eingang in die Weltgeschichte fand dieses Schlößchen jedoch als Vertragsort des Potsdamer Abkommens. Im Juli und August 1945 einigten sich hier Stalin, Churchill, später Attlee und Truman mit ihren Delegationen über die Zukunft Deutschlands.

Die Glienicker Brücke verbindet Potsdam mit dem Land Berlin

Heute gewährt die *Historische Gedenkstätte des Potsdamer Abkommens* einen Einblick in damalige Verhältnisse, denn die stilvollen Arbeitsräume der „Großen Drei" und der Verhandlungssaal mit dem großen runden Konferenztisch sind noch original möbliert erhalten (🕓 Di bis So 9–12 und 12.30–17 Uhr). Für erstaunte Gesichter sorgen bisweilen die Blumenrabatten in Form eines fünfzackigen Sowjetsterns aus roten Rosen, den die Russen damals im Schloßhof anpflanzten. Doch bei der Neugestaltung der Gedenkstätte nach der Wende erklärte der Wissenschaftliche Beirat den Stern zum Bestandteil der Potsdamer Konferenz.

Die Rückfront von Schloß Cecilienhof

Ein Überbleibsel aus der Gründungszeit des Neuen Gartens ist die **Muschelgrotte** ㊺. Durch die Wände aus dunkelbraunem Raseneisenstein und Tuffstein fällt die Grotte in ihrer natürlichen Umgebung kaum auf. Von der einst kostbaren Innenausstattung mit Marmorboden und edlen Mineralien ist leider nichts mehr vorhanden. Phantasievolle Gemüter können sich gut vorstellen, daß die Grotte als heimlicher Treff für Friedrich Wilhelm II. und seine Mätresse, die Gräfin Lichten-

Das Schindelhaus bewohnte Gräfin Lichtenau

4

Seite 57

au, diente. Außerdem sollen hier spiritistische Séancen des Rosenkreuzer-Bundes, dem der König angehörte, stattgefunden haben.

Auch der neugotische Bau der **Meierei** 46 geht auf 1791 zurück, denn die Hofhaltung Friedrich Wilhelms II. erforderte einen Wirtschaftshof zur Versorgung. Wegen der günstigen Lage direkt am Ufer des Jungfernsees beauftragte Friedrich Wilhelm IV. Ludwig Persius 1844 mit dem Ausbau zum Pumpwerk, somit war die Bewässerung des Neuen Gartens gesichert.

Auf dem Weg in den südlichen Teil des Gartens kommt man am rechter Hand gelegenen **Schindelhaus** 47 und schließlich an der *Parkgärtnerei* vorbei. Das Schindelhaus, an seiner Dachdeckung unschwer zu erkennen, ist pittoresk herausgeputzt im chinesischen Stil, oder das, was man 1792 dafür hielt. Hier lebte für drei Jahre Madame Ritz, die spätere Gräfin Lichtenau, auf Wunsch Friedrich Wilhelms II. mit Johann Friedrich Ritz in einer Scheinehe, denn der König hatte ihr seinen Kammerdiener und Vertrauten zum Mann gegeben, um sein langjähriges Verhältnis mit ihr zu vertuschen.

4

Seite 57

1795 bezog die „Potsdamer Pompadour“, mit bürgerlichem Namen Wilhelmine Encke, dann ihr eigenes Domizil, das ***Palais Lichtenau** 48. Wer sich die kleine Residenz der einflußreichen, klugen und schönen Mätresse ansehen möchte, kann den Neuen Garten durch eines der grünen Eisentore am *Portierhaus* verlassen und einen kurzen Abstecher in die *Behlertstraße 2* machen.

Das Haus ist eine architektonische Kostbarkeit, denn es gilt als besterhaltenes Werk frühklassizistischer Baukunst in Potsdam. Eine elegante Freitreppe führt zum Haupteingang hinauf – zur Wahrung der Diskretion auf der Rückseite, wohlgemerkt! Ob der in lichter Schönheit erstrahlende *Festsaal* im Innern auf Dauer zu besichtigen sein wird, ist ungeklärt, denn das Palais befindet sich in Privatbesitz.

Weiter geht es im Neuen Garten mit dem **Holländischen Etablissement** 49, das sich rechts und links der *Pyramideneichenallee* gleich vis-à-vis vom Portierhaus erstreckt. Die nett aussehenden Wohnhäuser in rotem Backstein mit ihren *Ställen, Kutschenremisen* und dem *Damenhaus* entwarf Carl von Gontard 1790 in Anlehnung an das Holländische Viertel in der Stadt. Neben Wohnungen für Mitarbeiter der Schlösserstiftung ist hier die *Gedenkstätte Bruno H. Bürgel* untergebracht, die mit einer aus fast 2000 Bänden bestehenden Bibliothek an Leben und Wirken des 1948 in Potsdam verstorbenen Schriftstellers und Astronomen erinnert. Zur Gedenkstätte gehört auch ein kleines *Planetarium*. In der ehemaligen *Reithalle* des Kronprinzen projiziert nun ein Laserapparat den Sternenhimmel an die Kuppel, und anhand von 14 verschiedenen Programmen erklärt der Physiker Rolf König die Bewegungen der Gestirne im Weltall (🕓 nach Anmeldung, ☎ 29 24 47).

Hinter dem Damenhaus liegt die **Orangerie** 50. Die Schaufassade zeigt eine Sphinx und zwei ägyptische Götterfiguren über und neben dem Portal. Den *Konzertsaal* im Mittelbau zwischen den *Pflanzenhallen* nutzt die Schlösserstiftung gelegentlich für Veranstaltungen. Außerdem befinden sich hier Restaurierungswerkstätten. An der Südwestseite des Gebäudes erstreckt sich der *Blumengarten*, der im Sommer mit seinen plätschernden Springbrunnen und mediterranen Palmenkübeln ein besonders erholsames Fleckchen darstellt.

Am südlichen Ende des Gartens steht die **Gotische Bibliothek** 51, ein Pavillon, den Carl Gotthard Langhans 1794 in Form eines zweistöckigen Belvedere errichtete. Zuletzt 48 Jahre lang kannten die Potsdamer das für Friedrich Wilhelm II. geschaffene kleine Bauwerk nur als Ruine, denn der Baugrund ist hier sehr weich, so neigte sich die Bibliothek wie der schiefe Turm von Pisa und drohte allmählich im See zu versinken. Doch 1993 spendierten die

Berliner den Potsdamern zu deren 1000-Jahr-Feier 1,6 Mill. DM zum Wiederaufbau der Bibliothek.

Von der Gotischen Bibliothek führt ein schön geschwungener Promenadenweg am Westufer des Heiligen Sees zum **Küchengebäude** (52), dessen eigentlicher Zweck auf den ersten Blick auch seinerzeit nicht zu erkennen war, denn Baumeister Gontard verkleidete es als halbversunkene Tempelruine. Diese Art von Kulissenbau war gegen Ende des 18. Jhs. eine höchst verbreitete Marotte. Als Vorbild wählte Gontard den Tempel des Mars auf dem Forum Romanum in Rom.

Vom Küchengebäude führt ein unterirdischer Gang zum **Marmorpalais** (53), dem ersten Schloßbau im Neuen Garten, den sich Friedrich Wilhelm II. gleich nach dem Tod seines ungeliebten und strengen Onkels Friedrichs des Großen leistete. Ab 1787 entstand der

(43) Glienicker Brücke
(44) Schloß Cecilienhof
(45) Muschelgrotte
(46) Meierei
(47) Schindelhaus
(48) Palais Lichtenau
(49) Holländisches Etablissement
(50) Orangerie
(51) Gotische Bibliothek
(52) Küchengebäude
(53) Marmorpalais
(54) Pyramide
(55) Turmvilla
(56) Holzhäusergruppe
(57) Menzelstraße 11
(58) Ludwig-Richter-Straße 17
(59) Seestraße 38
(60) Sacrower Heilandskirche
(61) Sacrower Schloß

4
Seite 57

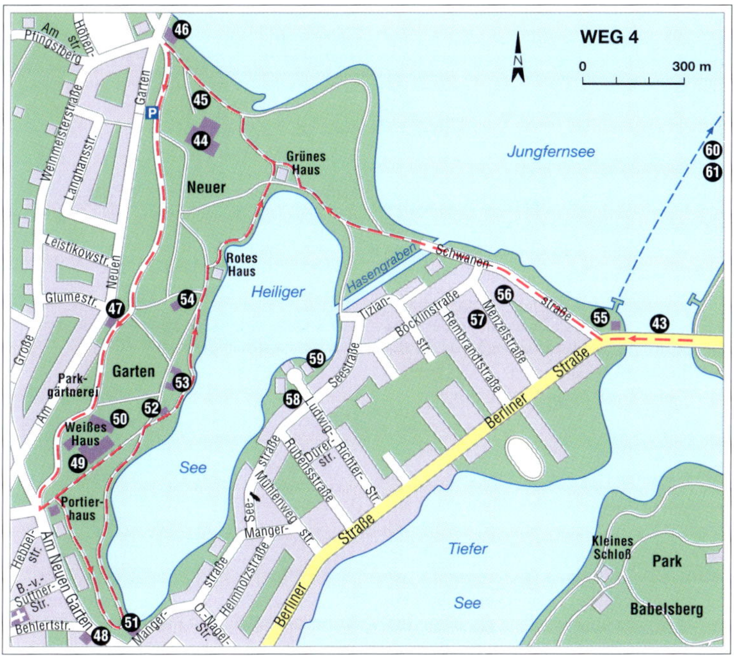

aufwendige Mittelbau in einem Stilgemisch zwischen Rokoko und Klassizismus nach einem Entwurf des Hofbaumeisters Carl von Gontard; die schlichteren Seitenflügel wurden zwei Jahre später angefügt. 1880 wurde das Palais mit den vielen grau-weißen Marmorsäulen für das frisch verheiratete Kronprinzenpaar Wilhelm II. und Cecilie hergerichtet, bevor sie sich Schloß Cecilienhof bauen ließen. 1961 richtete hier die NVA ein Armeemuseum ein. Nach jahrelangen Restaurierungsarbeiten ist das Palais nun wieder als Schloßmuseum zugänglich. Eine wahre Augenweide ist der *Große Saal*, aus dessen Fenstern man über die Wasserfläche des Heiligen Sees auf die Berliner Vorstadt blickt (Teileröffnung 1997 vorgesehen; ⏲ beim Besucherzentrum erfragen, s. S. 38).

4

Seite 57

Der Vervollkommnung königlicher Gaumenfreuden und Lustbarkeiten im Marmorpalais diente auch die nahe gelegene **Pyramide** ㊴ mitten im Park. Zwar läßt der ägyptische Hieroglyphenschmuck über dem Eingang eher auf eine vorchristliche Grablege schließen, doch in den Tiefen der Backsteinwände verbarg sich ein Eiskeller.

Zwei Abstecher

Von der Glienicker Brücke bieten sich zwei sehr schöne Abstecher an. Den einen, durch die Berliner Vorstadt, kann man als Spaziergang unternehmen oder auch gemächlich im Auto bzw. mit dem Fahrrad abfahren, der andere zur Sacrower Heilandskirche auf der gleichnamigen Halbinsel läßt sich am besten per Boot bewerkstelligen:

Durch die Berliner Vorstadt

Potsdams Berliner Vorstadt, das nobelste von insgesamt fünf Wohngebieten, die Friedrich der Große ab 1750 zur Erweiterung der Stadt außerhalb der Zollmauer anlegen ließ, erstreckt sich auf der Landzunge zwischen *Jungfernsee, Heiligem* und *Tiefem See*. Lauschigschöne Gärten und luxuriöse Häuser, die sich Vertreter von Adel, Großindustrie und Wissenschaft bis in die 30er Jahre unseres Jahrhunderts erbauen ließen, gibt es hier zu sehen (Start Glienicker Brücke, Straßenbahn 93):

Berliner Straße 86/Ecke Schwanenallee: In Sichtweite seines Herrn, des Prinzen Carl von Preußen, Bewohner des Schlosses Klein-Glienicke, ließ sich Hofmarschall Karl von Schöning 1845 diese italienisch anmutende **Turmvilla** ㊵ von keinem geringeren als Ludwig Persius erbauen. Nach 1978 diente die schmucke Villa als Kinderwochenheim und sieht bislang einer ungewissen Zukunft entgegen.

Schwanenallee 7: Pittoreske **Holzhäusergruppe** ㊶ im norwegischen Stil am Ufer des Jungfernsees, 1895 im Auftrag Kaiser Wilhelms II. vom Osloer Stadtarchitekten Holm Munthe als Station *Kongsnaes* („Königshalbinsel") für die Matrosen der kaiserlichen Marine erbaut (heute Privatwohnungen).

Menzelstraße 11 ㊷: Um die Jahrhundertwende von dem Potsdamer Hofbaumeister Friedrich Ernst Petzholtz entworfene Villa. Der Neobarockbau wurde von der Familie des weitgereisten Geographen Ferdinand Freiherr von Richthofen bewohnt.

Ludwig-Richter-Straße 17 ㊸: Das eindrucksvolle Haus ließ sich der ab 1895 in Potsdam ansässige Radierer und Schriftsteller Friedrich Heinrich Rumpf im holländischen Neobarock errichten.

Seestraße 38 ㊹: Schönstes Beispiel für die Bauweise Otto von Estorffs, dessen Land- und Wohnhäuser im Berlin-Potsdamer Raum an den weit auskragenden Dächern und geschwungenen Dachfenstern, den „Fledermausgauben", gut erkennbar sind. 1937 im Auftrag der Familie von Gontard entstanden.

Zur Sacrower Halbinsel

Wie im Brennpunkt der Potsdamer Kulturlandschaft, von drei Seiten weither sichtbar, liegt die Sacrower Heilandskirche auf der Südspitze der *Halbinsel*

Sacrow. Man kann die Kirche mit dem Pkw über die B2 Richtung Berlin erreichen; unvergleichlich schöner aber ist es, sich eventuell samt Fahrrad von der Fähre über den *Jungfernsee* schippern zu lassen (Anleger unterhalb der Glienicker Brücke, Westufer, Straßenbahn 93; eine weitere Möglichkeit; 🚌 697 vom Bahnhof Potsdam-Stadt).

Von weitem sieht sie aus wie ein malerisch in den Wellen schaukelndes Schiff, die ****Sacrower Heilandskirche ⑥⓪**, und genau das hatte Friedrich Wilhelm IV. beabsichtigt, als er seinen Architekten Ludwig Persius 1841 mit deren Bau beauftragte. Getreu der königlichen Vorliebe für alles Italienische bekam auch Sacrow einen Campanile, einen separaten Glockenturm. Ein schlimmer Einschnitt auch in der Geschichte der Kirche war der Mauerbau 1961, denn auf einmal stand die Kirche im kahlgeholzten Sperrgebiet und durfte noch nicht einmal mehr vom Pfarrer betreten werden. Allmählich verödete das Bauwerk und wenn nicht der damalige Regierende Bürgermeister von Berlin, Richard von Weizsäcker, so hartnäckig mit den DDR-Behörden wegen einer Restaurierungsspende aus dem Westen verhandelt hätte, wäre das Gemäuer vom Schwamm zerfressen worden. In mühevoller Kleinarbeit wurde der Innenraum samt liturgischer Ausstattung restauriert. Bei einem Gang auf der Plattform rund um die Kirche kann man die berühmten Lennéschen Sichtverbindungen zur Pfaueninsel, zu den Parks Klein-Glienicke und Babelsberg, zum Neuen Garten, zum Belvedere auf dem Pfingstberg und zur Stadt Potsdam genießen.

Nur fünf Minuten entfernt liegt das **Sacrower Schloß ⑥①**. 1841 erwarb Friedrich Wilhelm IV. hier ein barockes Gutshaus, in dem der Dichter Friedrich de la Motte Fouqué als kleiner Junge gewohnt hatte, und ließ es im klassizistischen Stil umbauen. Da die Eigentumsverhältnisse noch nicht geklärt sind, ist eine Besichtigung der Innenräume zur Zeit nicht möglich.

Das erste Gebäude, das sich Friedrich Wilhelm II. bauen ließ, war das Marmorpalais

In der Pyramide verbarg sich der Eiskeller

Villa in der Menzelstraße 11

4

Seite 57

Weg 5

Rund um den Pfingstberg

**** Kolonie Alexandrowka –
** Jüdischer Friedhof – Belvedere –
** Pomonatempel**

Am nördlichen Stadtrand von Potsdam, in der Nauener Vorstadt, „erhebt" sich der Pfingstberg mit seinen immerhin 70 m Höhe. Zu seinen Füßen liegt die Kolonie Alexandrowka, ein symmetrisch angeordnetes, malerisches Dörfchen russischer Holzhäuser, das mittlerweile zum bekannten Symbol für die russisch-preußische Freundschaft im 19. Jh. wurde. In zwei Stunden führt der Weg durch die in Mitteleuropa einzigartige Kolonie und weiter hinauf zum Belvedere und dem Pomonatempel auf dem Pfingstberg. Unterwegs passiert man den Jüdischen Friedhof mit seinen eindrucksvollen Grabdenkmälern. Start ist der Zugang zur Kolonie an der Puschkinallee/Ecke Nedlitzer Straße (695; Straßenbahn 92 und 95; gute Parkmöglichkeiten für Pkws: Nedlitzer Straße/Ecke Am Schragen).

5
Seite 63

Die **** Kolonie Alexandrowka** 62 ist ein ungewöhnliches Ensemble von 13 Blockhäusern. Karl Friedrich Schinkel ließ die Häuser samt Ställen und Nebengebäuden 1826 auf Anordnung seines Königs, Friedrich Wilhelms III., nach russischem Vorbild erbauen. Peter Joseph Lenné entwarf das Alleensystem in der Form eines Andreaskreuzes, in das die Gehöfte eingepaßt sind – zwölf an den Kreuzarmen und ein Aufseherhaus in der Mitte. Die Häuser waren als Wohnungen für ehemalige russische Kriegsgefangene gedacht, die als hervorragende Sänger zur Truppenunterhaltung dann mit in die preußischen Feldzüge gegen Napoleon ziehen mußten. Nach Beendigung der Freiheitskriege verzichtete Zar Alexander I. auf die Rückführung seiner leibeigenen Sängergarde, und da Friedrich Wilhelm III. die dunkle Melancholie des russischen Gesangs mochte, wurde die Sängertruppe nach Potsdam abkommandiert. Zum Zeichen der guten Verbindung zwischen den Hohenzollern und den Romanows taufte man die Siedlung Alexandrowka. Der Hausstand wurde den Sängern vom König geschenkt, dazu erhielt jeder eine Milchkuh und Kleinvieh. An einigen Häusern befinden sich noch die Namenstafeln der ursprünglichen Besitzer. Im Haus *Russische Kolonie Nummer 7* wohnten beispielsweise die Grigorieffs. Die dunklen Fassaden der Holzhäuser bestechen durch helle, schön gesägte Giebel- und Fensterrahmen. Doch anhand von alten Plänen weiß man, daß sich hinter den dicken Holzbohlen schlichtes Fachwerk verbirgt – ein untrügliches Beispiel für die echte preußische Sparsamkeit!

Im späten Frühjahr ist ein Gang durch die Kolonie besonders schön, denn dann blüht und duftet es in den Gärten, und an den geschnitzten Balkonen hängen Ranken wilden Weins. Die Häuser befinden sich alle in Privatbesitz, was den unterschiedlichen Fortgang in der Sanierung erklärt. Den öffentlichen Raum, wie die historische Wegepflasterung und -bepflanzung sowie die Straßenbeleuchtung, hat die Potsdamer Gartendenkmalpflege zum Teil schon wieder hergestellt.

Einen guten Überblick über „seine" Kolonie hatte der König früher vom *Kapellenberg,* einer kleinen, bewaldeten Anhöhe, die man erreicht, wenn man die *Puschkinallee* stadtauswärts läuft. Mittlerweile sind die Bäume am Hang jedoch so hoch gewachsen, daß die russisch-orthodoxe **Alexander-Newski-Kapelle** 63 oben auf dem Hügel samt dem dazugehörigen Pfarrhaus richtig intim auf einer Waldlichtung steht. 1829 hatte Friedrich Wilhelm III. die Kapelle von Schinkel bauen lassen, damit die russischen Chorsänger ihren Glauben ausüben konnten. Ein apartes Farbspiel bietet der rosa-grau-weiße Farbanstrich der Kapelle mit dem glänzenden Blattgoldauftrag der Zwiebeltürmchen und Kreuze. Innen ist die Kirche in Malachitgrün gestrichen. Das Interieur ist größtenteils ein Geschenk der nach St. Petersburg verheirateten Prinzessin Charlotte, die sich später Zarin Alexandra Feodorowna nannte. Wer möchte, hat hier die Gelegenheit, einen von wehmütigen liturgischen Gesängen begleiteten russisch-orthodoxen Ritus kennenzulernen, denn die Teilnahme an der Zeremonie steht grundsätzlich auch jedem Interessierten oder Andersgläubigen offen. Seit der Wende gibt es wieder eine etwa tausendköpfige russisch-orthodoxe Gemeinde in Potsdam, die regelmäßig Gottesdienste in der Kapelle feiert.

Blockhaus der Kolonie Alexandrowka

Gleich nebenan, im **Pfarrhaus** 64, dem Blockhaus *Russische Kolonie 14,* wohnt seit 1986 der aus Minsk stammende Erzpriester Anatolij Koljada mit seiner Familie. Damit die Verbindung zur „ersten Heimat“ nicht abreißt, ziert nun eine wunderschöne weiße Satellitenschüssel den Pfarrgarten – damit können die Koljadas das zentrale Moskauer Fernsehen empfangen.

Vom Belvedere hat man einen schönen Blick über das Havelland

Weitere fünf Minuten Fußweg sind es bis zum **** Jüdischen Friedhof** 65, mit dem Eingangsportal an der Puschkinallee 25. Der Friedhof wurde 1743 auf Veranlassung Friedrichs des Großen angelegt. Er ist derzeit der einzige im Land Brandenburg, auf dem überhaupt jüdische Gemeindemitglieder bestattet werden (🕓 So 10 bis 13 Uhr; ansonsten Klingeln beim Wächterhaus erlaubt). Zahlreiche Grabsteine haben Risse oder stehen schief in der Erde. Aufwendige Inschriftentafeln in hebräischer oder deutscher Schrift erinnern an bedeutende Mitglieder der einstigen jüdi-

Der Pomonatempel war die erste Schöpfung Schinkels

5

Seite 63

schen Gemeinde Potsdams, zum Beispiel an Sergeant Max Löwysohn, der 1870/71 in einer Schlacht des Deutsch-Französischen Krieges seinem General Edwin Freiherr von Manteuffel das Leben rettete, oder an Tobias Cohn, der in der deutschen Kaiserzeit fast vierzig Jahre lang als Rabbi der jüdischen Gemeinde tätig war. Durch den Terror der Nazis wurde die Synagoge zerstört und die jüdische Gemeinde in Potsdam fast zur Gänze vertrieben oder deportiert und ermordet. Während der DDR-Zeit lebte ein Gemeindebewußtsein nicht wieder auf.

Doch seit der Wende finden sich nun besonders viele russische Emigranten zu einem neuen Gemeindeleben zusammen. Besonderes Augenmerk verdient die neoklassizistische *Trauerhalle*, die gleich am Eingang steht, denn sie wurde 1995 sorgfältig restauriert.

5

Seite 63

Ein gigantisch konziperter Bau auf der Höhe des Pfingstberges ist das **Belvedere** (66), gleichwohl dieses von Friedrich Wilhelm IV. geplante Aussichtsschloß 1863 unvollendet geblieben ist. In den großen Innenhof zwischen den beiden massiven Türmen dachte sich der König einen Wasserbehälter zur Speisung einer breiten Kaskade, die bis hinunter in den Neuen Garten plätschern sollte. Zur Ausführung aber kamen nur hoch oben ein Rumpfbau und eine Terrasse im italienischen Renaissancestil, die einen weiten Blick in das Havelland bis nach Berlin erlaubt.

Dieser später aus politischen Gründen unerwünschte Blick nach Berlin-West freilich führte nach 1961 zur Sperrung des gesamten Geländes. Niemand durfte die Kuppe des Pfingstberges mehr betreten. So war das Belvedere jahrelang dem Verfall preisgegeben. Auf den Mauern finden sich noch hie und da kyrillische Schriftzüge, die von Heimweh und Einsamkeit der mittlerweile abgezogenen sowjetischen Soldaten zeugen, die hier oben gelegentlich Patrouille machten.

Für Kunstinteressierte ist der nur wenige Meter entfernte kleine **** Pomonatempel** (67) ein besonderes Bonbon, denn er ist das erste eigene Werk, das der junge Karl Friedrich Schinkel 1800 im Alter von 19 Jahren entwarf. Auftraggeber war der wohlhabende Potsdamer Hofrat und Topograph Karl Ludwig von Oesfeld, der hier oben für sich und seine Gattin einen Teepavillon mit Aussicht haben wollte. Im Innern führt eine schmale Treppe auf die kleine Plattform, die in heißen Sommern sogar wieder von einem Zelt überdacht

Magister in Jüdischen Studien

Ein absolutes Novum in Deutschland ist das Studienfach Jüdische Studien, für das sich Studenten seit 1994 an der Universität Potsdam einschreiben können. Anders als bei der rein philologisch ausgerichteten Judaistik, sind in diesen interdisziplinären Studiengang zehn Fächer, wie Geschichte, Soziologie, Philosophie, Psychologie, Literatur- und Religionswissenschaften, integriert. Hier wird die gesamte Bandbreite der über 3000jährigen Geschichte des Judentums und ihre Bedeutung im speziellen für die europäische Kultur gelehrt. Dazu gibt es Sprachkurse in Hebräisch und Jiddisch. Forschungsstätte ist das Moses-Mendelssohn-Zentrum, in einem ehemals vom KGB besetzten Haus in der Rembrandtstraße. Nach dem Vorbild der in Israel und den USA längst bekannten Jewish Studies soll damit ein Beitrag zur Erweiterung der Kenntnisse über das Judentum geleistet werden – was letztlich auch dem Abbau von Vorurteilen dient. Es gilt, „das Fremde zu entfremden", wie der Vorsitzende des Zentralrats der Juden in Deutschland, Ignatz Bubis, es auf den Punkt brachte.

ist (11. Mai bis 13. Okt. Sa–So 10 bis 18 Uhr).

Das umliegende *Gartenterrain,* das seit Ende des Zweiten Weltkrieges völlig verwilderte, gestaltete einst Peter Joseph Lenné. Das Gelände gehört der Stiftung Schlösser und Gärten Potsdam Sanssouci, doch auf eine Spendeninitiative des Fördervereins Pfingstberg e.V. hin konnte 1994 der *historische Laubengang* zwischen Belvedere und Pomonatempel wieder rekultiviert werden.

Vom Pfingstberg lohnt sich ein etwa zehnminütiger Abstecher zur **Villa Henkel** 68 in die landschaftlich schönen Ausläufer der Nauener Vorstadt. Dazu folgt man dem abfallenden Weg hinter dem Belvedere, vorbei an der *Kleingartenanlage.* Hinter der Wegbiegung ragt schon der hohe Aussichtsturm über die Baumwipfel. Diese stolze Weinbergsvilla ist ein Paradebeispiel für den von Friedrich Wilhelms IV. Italiensehnsucht inspirierten Baustil, den er so liebte, daß er auch privaten Bauherren, wie dem Direktor der Berliner Hypothekenbank Hermann Henkel, 1867 finanzielle Zuschüsse für passende Bauten gewährte. Typisch sind die asymmetrisch verschachtelten Baublöcke, dazu eine Terrasse, ein Wintergarten, ein reich geschmücktes Vestibül und ein kleines Winzerhaus auf dem Grundstück. In den 20er Jahren wurde das Haus als Kinderheim, später als Altenpflegeheim genutzt (Außenbesichtigung möglich).

Benutzer öffentlicher Verkehrsmittel können von der nahegelegenen Bushaltestelle (695) Große Weinmeister-/Höhenstraße Richtung Stadtzentrum fahren.

Die Villa Henkel am Pfingstberg

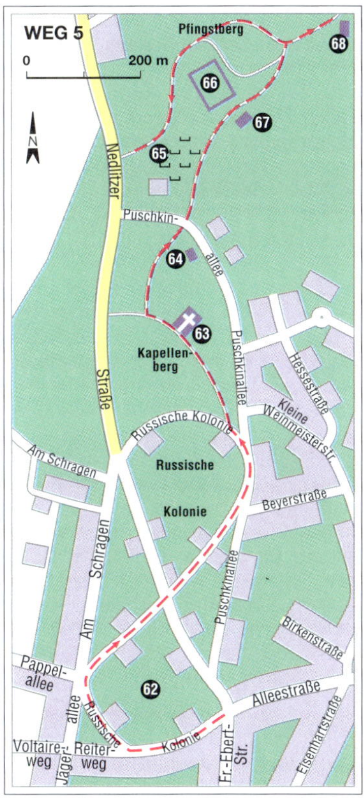

62 Kolonie Alexandrowka
63 Alexander-Newski-Kapelle
64 Pfarrhaus
65 Jüdischer Friedhof
66 Belvedere
67 Pomonatempel
68 Villa Henkel

5
Seite 63

Weg 6

Teltower und Templiner Vorstadt

Alter Friedhof – Neuer Friedhof – Staatskanzlei – Landtag – Speicherstadt – * Einstein-Turm

Die Teltower und die Templiner Vorstadt sind die beiden südlichsten der insgesamt fünf Potsdamer Vorstädte und liegen direkt an der Havel. Besonders die Teltower Vorstadt war im 19. Jh. mit ihren großen Getreidemagazinen das traditionelle Potsdamer Brau- und Speicherviertel. Ein ganz besonderes Bonbon für Freaks der expressionistischen Architektur ist der Einstein-Turm im großen Wissenschaftspark auf dem Telegrafenberg. Dieser Spaziergang, der an der Heinrich-Mann-Allee am Alten Friedhof (692, 697; Tram 91–93, 96, 98) beginnt, dauert etwa einen halben Tag.

6

Seite 65

Die *Teltower Vorstadt*, benannt nach dem östlich von Potsdam liegenden Ort Teltow, erstreckt sich zu beiden Seiten der *Heinrich-Mann-Allee*, die stadtauswärts nach Saarmund führt. Hier liegen, etwa auf halber Höhe, zwei interessante Friedhöfe einander gegenüber. Der zuerst entstandene **Alte Friedhof** 69 mußte 1796 dringend außerhalb der Stadt angelegt werden, denn der damalige innerstädtische *Friedhof am Nauener Tor* begann bereits übel zu riechen. Schon von der Straße her, stadtauswärts linker Hand, ist die elegante klassizistische *Leichenhalle* Ferdinand von Arnims mit der schönen Skulptur einer Pietà im Giebelfeld zu sehen.

Zwischen jüngeren Gräbern aus dem 19. und 20. Jh. stehen vereinzelt wertvolle barocke Grabplastiken. Kunsthistorisch herausragend ist u. a. das *Grabdenkmal für Johann Joachim Quantz*, den Flötenlehrer Friedrichs des Großen. Es zeigt die Muse Euterpe in melancholischer Haltung mit zwei Flöten im Arm und den jungen Thanatos, den griechischen Gott des Todes. Unter den Potsdamern am bekanntesten aber ist das *Denkmal für Eleonore Prochaska* in Form einer von einem Adler bekrönten toskanischen Säule. Eleonore ist ein „Heldenmädchen", das aus lauter Verzweiflung über das schlechte Leben im Potsdamer Militärwaisenhaus 1813 als Mann verkleidet mit dem Lützowschen Freikorps in den Kampf gegen Napoleon zog – und fiel.

Gegenüber, am Osthang des *Brauhausberges*, erstreckt sich der **Neue Friedhof** 70. Heute ist das Gelände ein Gartendenkmal, denn es wurde 1866 nach Plänen von Peter Joseph Lenné angelegt. Neben einer recht nüchtern wirkenden *Gedenkstätte verdienter Parteiveteranen des Stadt- und Landkreises Potsdam* aus den 70er Jahren und einem *Sowjetischen Ehrenfriedhof*, liegt an der Südmauer unter einem einfachen Findling als Grabmal der Physiker *Hans Geiger*, der Erfinder des Geigerzählers. Dieses 1928 entwickelte, hochempfindliche Zählrohr wurde zum wichtigsten Instrument für die Messung radioaktiver Strahlung.

Etwas weiter stadteinwärts, in der Heinrich-Mann-Allee 107, fällt ein stolzes neubarockes Gebäude ins Auge, in dem sich heute die **Staatskanzlei** 71 befindet. Ursprünglich diente das 1911 errichtete Gebäude als Kadettenanstalt zur schneidigen Erziehung des Offiziersnachwuchses. Als dort 1952 der Rat des Bezirkes einzog, wurden die Lettern „Alle Staatsgewalt geht vom Volke aus" am Giebel über dem Portal angebracht – und dort prangen sie noch heute. Die gesamte Liegenschaft auf dem großen Grundstück hinter der Staatskanzlei ist mit mehreren Gebäuden wie einem Lazarett, einem Waisenhaus und einer Turnhalle bebaut. Hier residieren nun diverse *Landesministerien*. Der tatsächliche Sitz des brandenburgischen Ministerpräsidenten Manfred Stolpe befindet sich aber im rechten der beiden ockergelb gestrichenen *Kommandantenhäuschen*, seitlich der alten Kadettenanstalt.

Der **Landtag** ⓬ mit den dazugehörigen Abgeordnetenbüros hat auf der Höhe des *Brauhausberges* seinen Sitz. Vor der Volksabstimmung am 5. Mai 1996 über die geplante Länderfusion mit Berlin wollte das Land Brandenburg erst einen eigenen, dann einen gemeinsamen neuen Landtag bauen, denn das alte Gebäude platzt aus allen Nähten – drei fraktionslose Abgeordnete z. B. haben ihre Büros im Keller. Nach dem Scheitern der Fusion hat ein realistischer Blick in die brandenburgische Haushaltskasse dieses Vorhaben wie von selbst zu einem Luftschloß werden lassen. Nun soll es eine schlichte Renovierung und ein Umbau der Innenräume auch tun. Die Geschichte des Hauses begann 1902, als Kaiser Wilhelm II. eine *Kriegsschule für Offiziere* in Potsdam ansiedeln wollte. Der Kaiser favorisierte den Architekten Franz Schwechten, der sich schon mit der Kaiser-Wilhelm-Gedächtniskirche in Berlin einen Namen gemacht hatte. Zwischen 1949 und 1989 residierte die SED-Bezirksleitung in dem stattlichen roten Klinkerbau hoch über Potsdam – was Spötter zu der Bezeichnung „Kreml" veranlaßte.

Die Leipziger Straße weiter stadtauswärts Richtung Caputh führt zur *Templiner Vorstadt,* benannt nach der kulturhistorisch reichen Stadt der brandenburgischen Uckermark. Auf dem Gelände an der Leipziger Straße 7–9 liegt die sogenannte **Speicherstadt** ⓭. Hier am Fuß des Brauhausberges, mit phantastischem Blick über die Havel auf die Innenstadt, stehen noch heute die alten *Kornmagazine des Preußischen Proviantamtes* (mittlerweile unter Denkmalschutz), die 1688 errichtet wurden und die kein Geringerer als der Schinkel-Schüler Ludwig Persius 1844 mit Zinnen und Türmchen im normannischen Burgenstil überformte.

Denkmal für J. J. Quantz auf dem Alten Friedhof

- ⓾ Alter Fiedhof
- ⓿ Neuer Friedhof
- ⓫ Staatskanzlei
- ⓬ Landtag
- ⓭ Speicherstadt
- ⓮ Wissenschaftspark Albert Einstein
- ⓯ Einstein-Turm

6
Seite 65

Ein Dorado für naturwissenschaftlich Interessierte dürfte der **Wissenschaftspark Albert Einstein** ⓸ sein. Die Eingangspforte zu diesem weitläufigen Gelände auf der Kuppe des 94 m hohen *Telegrafenberges* erreicht man am besten über die *Albert-Einstein-Straße* (🕓 Außenbesichtigung tgl. 8–18 Uhr). Einzeln verstreut über die weiten Wiesenflächen des Parks stehen nette Backsteinhäuschen aus der Zeit der Jahrhundertwende. Hier leben und arbeiten Wissenschaftler, die international beachtete Untersuchungen zur Theoretischen Physik, zur Geophysik, zur Kosmologie, zur Solarphysik und zur Geschichte der Physik und Astronomie betreiben. 1875 begann die Entwicklung, als der technisch interessierte Kaiser Wilhelm I. den T-förmigen Bau des Astrophysikalischen Observatoriums befürwortete. In den nächsten Jahren kamen der Große Refraktor mit der auffallenden Kuppel, das Geodätische und das Meteorologische Institut hinzu. Das in Europa einzigartige Institut für Klimafolgenforschung wird demnächst einen großen Neubau am südöstlichen Parkende beziehen. Hier sind die Wissenschaftler auf interdisziplinäre Weise mit Ursachen und Folgen des globalen Klimawandels und Änderungen der Sonnenaktivität befaßt. Zunächst sind die Forschungen auf besonders gefährdete Gegenden wie die norddeutsche Küstenregion und die Alpen konzentriert. Erfreulicherweise wurde das gesamte Parkgebiet zum Landschaftsschutzgebiet erklärt.

Weit hinten, am südlichen Ende des Parks, erhebt sich der ***Einstein-Turm** ⓹, der als Synonym für eine expressionistische, zweckdienlich orientierte Architekturauffassung Weltberühmtheit erlangte. Ein damals aufsehenerregendes Novum war die Verwendung des Baustoffs Beton, mit dem der Architekt Erich Mendelsohn die „runden Ecken“ wie Schalen gießen lassen konnte. In elegant leuchtendem Weiß hebt sich der Turm vom Grün der umgebenden Bäume ab. In dem waagerechten Sockelbau befinden sich die Laboratorien der Wissenschaftler, während der 20 m hohe Turm bis unter die Kuppel das feststehende Sonnenteleskop birgt. Ein solcher Turm war nötig geworden, um Albert Einsteins Spezielle Relativitätstheorie, die die Äquivalenz von Masse und Energie in der berühmten Formel $E = mc^2$ berechnet, auf praktischem Wege mit Hilfe eines Sonnenteleskops nachweisen zu können.

Der große Physiker mit der schlohweißen Löwenmähne war sogar 1921 bei der Eröffnungsfeier zugegen, konnte sich aber mit dem expressionistischen Bauwerk nicht anfreunden. Unbekümmert gab er zu, „moderne Architektur“ nicht so recht zu mögen! Mendelsohn betrachtete seinen Turm als Gesamtkunstwerk und entwarf auch das Mobiliar für die Innenräume. Bei Führungen wird das Kuppeldach des Turms geöffnet, und man kann sich lebhaft vorstellen, wie die Forscher im Angesicht des Sternenhimmels arbeiteten (Führungen Okt. bis März über die Urania, ☎ 29 17 41).

Potsdamer Stangenbier

Hinter der abgeblätterten Fassade der leerstehenden alten Königsbrauerei in der Leipziger Straße 60 wurde von 1829 bis 1919 das Potsdamer Stangenbier hergestellt, eine Art kräftig gehopftes, obergäriges Pils, das in besonders schlanke Gläser, sogenannte Stangen, gezapft wurde. Das „erfrischend kühle Blonde“, das an heißen Sommertagen als beliebte Touristenattraktion Potsdams galt, wird heute nicht mehr ausgeschenkt. Nur die Figur des Gambrinus, ein aus Flandern stammender Sagenkönig des 8. Jhs., den die Brauer später zu ihrem Patron erkoren, prostet den Passanten noch an der Königsbrauerei mit erhobenem Kelch zu und kündet bis heute von dieser Potsdamer Brautradition.

6

Seite 65

Weg 7

Der Schloßpark Babelsberg

**** Babelsberger Schloßpark – Dampfmaschinenhaus – Schloß Babelsberg – Gerichtslaube – Flatowturm – Enklave Klein-Glienicke**

Erich Mendelsohn entwarf den Einstein-Turm

Weniger bekannt als Sanssouci, aber aufgrund seiner direkten Lage am Wasser landschaftlich noch reizvoller ist der Babelsberger Schloßpark. Der Garten, ein Gesamtkunstwerk des Fürsten Pückler, zu DDR-Zeiten direkt am Todesstreifen gelegen, entsteht allmählich wieder in neuer Schönheit. Drei bis vier Stunden sollte man für einen Spaziergang schon veranschlagen, bei einer Innenbesichtigung des Schlosses oder einer Besteigung des Flatowturms entsprechend mehr. Das Café-Restaurant im Kleinen Schloß bietet eine gute Möglichkeit zur Stärkung für zwischendurch. Der Rundgang beginnt am repräsentativsten der vier Parkeingänge, an der Allee nach Glienicke/Ecke Karl-Marx-Straße (🚌 691).

Das Schloß Babelsberg erinnert bewußt an eine Burg am Rhein

Den **** Babelsberger Schloßpark** ließ sich Prinz Wilhelm, der zweitälteste Sohn Friedrich Wilhelms III. und der Königin Luise, noch während seiner Kronprinzenzeit anlegen. Er hatte das bewaldete Gebiet bei seinen Ausritten kennengelernt und die landschaftlichen Vorzüge für einen Schloßbau bald erkannt. Wilhelm versuchte, den sparsamen Vater mehrere Jahre lang vergeblich zu dem Schloßbau zu überreden. Als Wilhelm 1829 die Prinzessin Augusta von Sachsen-Weimar-Eisenach heiratete, hatte auch der König ein Einsehen und erteilte 1833 die Geneh-

Peter Joseph Lenné legte den Babelsberger Schloßpark an

7
Seite 69

migung. Nach und nach wurde das Gelände von insgesamt 124 ha zusammengekauft und Peter Joseph Lenné mit der Anlage des Gartens beauftragt. Doch der Angelegenheit war kein Glück beschieden: Zahlreiche Bäume und Sträucher gingen auf dem trockenen Sandboden wieder ein, und die finanziellen Mittel des Kronprinzenpaares nahmen rapide ab. Man trennte sich verstimmt von Lenné und engagierte 1840 den autodidaktischen Landschaftskünstler Hermann Fürst von Pückler-Muskau, der schon mit seiner Gartenschöpfung in Bad Muskau bei Cottbus über Preußens Grenzen hinaus berühmt geworden war. Dieser vielfach begabte Mann, den meisten heute eher bekannt als Erfinder der gleichnamigen Eisdelikatesse, kam für neun Jahre nach Potsdam, um die Parkarbeiten zu leiten. Günstigerweise wurde nun auch das Budget für den Schloßpark kräftig angehoben, denn aufgrund der Kinderlosigkeit seines älteren Bruders, Friedrich Wilhelm IV., wurde Prinz Wilhelm zum Thronfolger ernannt und benötigte deshalb eine repräsentative Residenz. Und nachdem Wilhelm 1871 als Kaiser Wilhelm I. den deutschen Kaiserthron bestiegen hatte, war ein solcher Prestigebau um so vorteilhafter.

Den Haupteingang in den Babelsberger Schloßpark markieren die zwei neogotisch geschmückten **Pförtnerhäuschen** ⑯ aus gelbem Backstein. Zwischen ihnen führt ein relativ schmaler Lehmweg in den Park hinein, die ehemals offizielle *Schloßzufahrt*. Der Eindruck wird getrübt durch Wohnblöcke, die zwischen den Bäumen hindurchschimmern – eine Bausünde aus DDR-Zeiten, als hier eine *Hochschule für Recht und Verwaltung* und die dazugehörigen Studentenwohnheime angesiedelt wurden. Mittlerweile hat man sich entschlossen, damit zu leben und die Häuser modernisiert.

Weiter unten, auf einer leicht in die *Glienicker Lake* vorgeschobenen Terrasse, liegt das **Dampfmaschinenhaus** ⑰, das nach Plänen von Ludwig Persius entstand. Oben wohnte der Maschinenmeister, während unten, im Maschinenhaus, die 40 PS starke Dampfmaschine arbeitete. In dem auffällig schlanken Turm verbirgt sich der Schornstein. Mit der Fertigstellung im Jahre 1845 konnte die junge Bepflanzung des Parks endlich ausreichend bewässert werden. Das Maschinenhaus bediente auch die Fontänen sowie die Wasserbecken weiter oben im Park, und alles gedieh mit unerwarteter Üppigkeit.

Der Weg führt weiter zum **Schloß Babelsberg** ⑱, das mit all seinen ritterlich anmutenden Burgzinnen und -türmen an eine der vielen Rhein-Burgen erinnert, denn Wilhelm und Augusta hatten ihren Vetter Friedrich Ludwig auf seiner umgebauten Burg über dem Rhein besucht und sich davon inspirieren lassen. Dazu gesellten sich Augustas Vorstellungen vom englischen Tudorstil wie bei Schloß Windsor, und so übertrug man Karl Friedrich Schinkel 1833 die wenig dankbare Aufgabe, beides miteinander zu verbinden. Auf Augustas Wunsch kamen bei der Innenraumausstattung neubarocke Elemente hinzu. Schinkel, dem diese Stilmischung peinlich war, konnte sich letztlich mit dem Babelsberger Schloß nie richtig identifizieren. Als er 1841 starb, war erst der Ostflügel erstellt, und seine Schüler Ludwig Persius, Johann Heinrich Strack und Rudolf Wilhelm Gottgetreu vollendeten den Bau.

Im Innern hat das Schloß exakt 99 Räume. Hier hat u. a. das *Museum für Ur- und Frühgeschichte* noch seinen Sitz. Es ist allerdings nur ein kleiner, aber sehr sehenswerter Teil für das Publikum zugänglich. Obwohl ein Großteil des Mobiliars nach 1945 verloren ging, bestechen die neogotisch gehaltenen Räume wie der *Tanzsaal*, der *Teesalon*, die *Bibliothek* und das *Spiegelkabinett* durch eine ganz eigene Schönheit und Ästhetik. Längerfristig ist der Auszug des Museums vorgesehen, dann wird wieder das gesamte

7
Seite 69

Schloß zu besichtigen sein. (◷ Di–So April bis 15. Okt. 9–17, 16.–31. Okt., Febr./März 9–16, Nov. bis Jan. 9 bis 15 Uhr; 12–12.30 Uhr geschl.)

Es macht Spaß, das Schloß einmal zu umschreiten, um die Kompliziertheit der verwinkelt ineinander übergehenden Baukörper zu verstehen. Dabei kommt man auch an der **Porzellanterrasse** ⑲ vorbei, die ihren Namen von den *chinesischen Porzellanbänken* erhielt, die einst hier standen. Die *Gotische Säule*, wie das Mittelteil des Springbrunnens heißt, ist ein Geschenk der Kölner Dombauhütte an Kaiser Wilhelm I.

Die Rückseite des Schlosses ziert die **Voltaireterrasse** ⑳. Der Name rührt von den zwanzig Lindenbäumchen seitlich der Treppenstufen, die vom einstigen Wohnhaus des französischen Philosophen in der Stadt Potsdam (s. S. 43) bei der Anlage des Schloßparks hierher verpflanzt wurden.

76 Pförtnerhäuschen
77 Dampfmaschinenhaus
78 Schloß Babelsberg
79 Porzellanterrasse
80 Voltaireterrasse
81 Küchenhaus
82 Bowlinggreen
83 Pleasureground
84 Kleines Schloß
85 Marstall
86 Gerichtslaube
87 Matrosenhaus
88 Flatowturm
89 Kindermannteich
90 Havelhaus
91 Hofgärtnerei
92 Generalsbank
93 Siegessäule
94 Enklave Klein-Glienicke

Ein separates **Küchenhaus** (81) wurde 1860 notwendig, als die Schloßküche zu eng wurde und bereits unmodern war. Dabei wurde es dem Schloß mit seiner gelben Klinkerfassade sehr einfühlsam angepaßt. Es ist durch einen unterirdischen Gang mit dem Speisesaal des Schlosses verbunden.

Direkt vor der Hauptfassade des Schlosses erstrecken sich weite Parkwiesen, die sanft abfallend bis hinunter zum *Tiefen See* führen. Der nördliche Teil, die kurzgemähte Rasenfläche, wird **Bowlinggreen** (82) genannt. Hier sind die Narben, die dem Uferstreifen im Zuge der DDR-Grenzsicherung zugefügt wurden, noch deutlich zu sehen.

Zu eng war die *Glienicker Lake* an dieser Stelle, Fluchtversuche deshalb leicht möglich. Also wurden Bäume gefällt, eine Schneise für die Grenzpatrouillen geschlagen und jegliches Unkraut über Jahrzehnte hinweg mit starken Pestiziden bekämpft. In mühevoller Kleinarbeit kommt die Gartendenkmalpflege den Absichten Pücklers auf die Spur und rekonstruiert die alten Wegführungen, die bei Grabungen anhand der Bodenverfärbungen wieder sichtbar werden.

Südwestlich des Schlosses, als Übergang zwischen Terrassen- und Landschaftsgarten, erstreckt sich der **Pleasureground** (83), in der Anlage von Lenné begonnen und von Pückler elegant vollendet.

Charakteristisch sind die sorgfältig eingefaßten *Blumenfelder* auf der Wiese, die von weitem wie zufällig abgestellte, bunte Blumenkörbe wirken sollten. Die *Rosentreppe* führt hinunter zur *Lennéschen Bucht,* die eigens ausgehoben wurde, damit die gesamte Wasserfläche der *Glienicker Lake* vom gegenüberliegenden Ufer aus größer wirkt. Daneben kann man sich auf einer Bank nieder-

UNESCO-Weltkulturerbe

Unter weltweiter Beachtung hat die UNESCO im Dezember 1990 die Schlösser und Parks von Potsdam und Berlin in die „Liste des Weltkulturerbes" aufgenommen. Diese „Internationale Konvention zum Schutz des Kultur- und Naturerbes der Welt" verabschiedete die Generalkonferenz der UNESCO 1972 – 129 Staaten sind ihr beigetreten. Nach strenger Prüfung werden nur Kultur- und Naturgüter erfaßt, die von so universalem Wert sind, daß ihr Schutz in der Verantwortlichkeit der ganzen Menschheit liegt. Weltweit stehen bereits über 350 Denkmale auf dieser Liste, elf davon aus Deutschland, wobei die Berlin-Potsdamer Schlösser der erste – sogar einstimmig beschlossene – Eintrag aus dem Osten Deutschlands nach der Wende waren.

Daraus ergeben sich Chancen und Verpflichtungen für alle Beteiligten: Der Bund übernimmt Verantwortung, indem er die Schlösserverwaltung gemeinsam mit den Ländern Berlin und Brandenburg finanziert. Die Schlösserverwaltung selbst pflegt Gärten und Bauten nach den Regeln des Denkmalschutzes. Auch die Stadt Potsdam hat die Pflicht, alle Baumaßnahmen zu unterlassen, die das sensible Gefüge der Lennéschen Sichtachsen zwischen allen Gartenanlagen stören oder von ferne schädigend auf ein Denkmal einwirken könnten.

Unablässig überwacht die UNESCO alle Verstöße und droht im Ernstfall mit Sanktionen oder Entfernung aus der Liste. Dies geschah jüngst anläßlich der Bebauung des Glienicker Horns, einer Landzunge am Havelufer, auf die man von der Terrasse des Babelsberger Schlosses blickt. Angesichts der schweren öffentlichen Rüge durch die UNESCO ist dies ein „Horn", das sich der Magistrat selbst aufsetzte.

7
Seite 69

lassen, um nachzufühlen, warum Kaiser Wilhelm I. genau an dieser Stelle seine Steganlage und seinen Bootsschuppen haben wollte. Aber auch dieser kleine kaiserliche Hafen wurde während des Mauerbaus zugeschüttet.

Der Uferweg führt zum **Kleinen Schloß** 84. Das zartgelbe Haus mit den vielen Giebeln, Türmchen und Zinnen erhielt vermutlich diesen Namen, weil hier der „kleine" König, also Kronprinz Friedrich Wilhelm, der später als 99-Tage-Kaiser in die Geschichte einging, von 1842 bis 1850 seinen Wohnsitz hatte.

Das Mischwesen Kaak an der Gerichtslaube

Nach dem Zweiten Weltkrieg unterhielt hier die Babelsberger DEFA ein Erholungsheim, und seit 1981 verköstigt die beliebte gutbürgerliche *Gaststätte Kleines Schloß* die hungrigen und durstigen Parkspaziergänger in dieser idyllischen Lage direkt am Wasser (🕓 tgl. 11–21 Uhr, ☎ 7 51 56; $).

Wenig weiter oberhalb auf dem Hügel steht der **Marstall** 85, der zeitgleich mit dem Bau des Schlosses entstand, um die kaiserlichen Pferde und Kutschen unterzubringen. Sinnigerweise wurde das Gebäude in Hufeisenform gebaut. Dem zu DDR-Zeiten hier etablierten Reitstall mußte die Schlösserverwaltung bald nach der Wende den Mietvertrag kündigen, da die empfindlichen Pücklerschen Weg- und Wiesenanlagen besonders bei Matschwetter für kräftige Pferdehufe nicht geeignet sind.

Genau südlich vom Marstall, auf der *Lennéhöhe*, erhebt sich eines der bekanntesten Babelsberger Parkgebäude, die **Gerichtslaube** 86. Die kleine offene Backsteinlaube aus dem 13. Jh. ist ein Geschenk der Berliner Stadtväter an Kaiser Wilhelm I. Als die Berliner 1870 ihr altes Rathaus abrissen und ein neues, das heutige „Rote Rathaus" erbauten, war die Gerichtslaube überflüssig geworden. An einem ihrer vier Eckpfeiler wurden im Mittel-

Blick vom Babelsberger Schloß-park über den Tiefen See

7
Seite 69

alter die Verurteilten angekettet und der öffentlichen Verspottung preisgegeben. Dieser Pfeiler ist durch die Skulptur des *Kaak* gekennzeichnet, eines unheimlichen Mischwesens aus Mensch und Vogel.

Am *Tiefen See* und idyllisch umgeben von einem hübschen Vorgärtchen liegt das **Matrosenhaus** (87). Es wurde 1842 als Wohnstatt für den Matrosen gebaut, der des Kaisers Boote bediente und wartete, die an dem kleinen Hafen unterhalb des Pleasureground (s. S. 70) vertäut waren. Die charakteristischen Backsteingiebel an der Wasser- und der Parkseite sind eine Kopie des Stendaler Rathauses.

Über Sichtachsen aus allen Bereichen der Potsdamer Kulturlandschaft ist der **Flatowturm** (88) zu sehen. Auch er hat ein historisches Vorbild, nämlich das Eschenheimer Tor in Frankfurt am Main. Noch zu seiner Kronprinzenzeit finanzierte Wilhelm den Turmbau aus den Einkünften seines westpreußischen Gutes Flatow. Im Laufe der Jahre füllten sich die Turmräume mit allerlei Nippes und Kunstgegenständen, die Wilhelm selbst sammelte oder geschenkt erhielt. Der Aufstieg auf die Aussichtsplattform ist sehr zu empfehlen, denn von hier oben hat man einen herrlichen Rundblick (11. Mai bis 13. Okt. Sa–So 9–12 und 13–17 Uhr).

7

Seite 69

Der Weg führt bergab über die *Große Brücke* am ehemaligen *Kutscherhaus* vorbei zum **Kindermannteich** (89). Dieses Gelände erwarben Wilhelm und Augusta erst 1860. Benannt ist der Teich nach dem Hofgärtner Otto Ferdinand Kindermann, der half, Pücklers Vorstellungen in die Tat umzusetzen und die Arbeiten leitete, wenn der „Meister mit der grünen Schürze" selbst nicht anwesend sein konnte.

Der Weg parallel zum Südzipfel des Teichs bildet den Parkabschluß, den sogenannten *Aha*. Dieser Ausdruck entstand im 19. Jh. zur Blütezeit der englischen Landschaftsgartengestaltung. Diese Gärten waren nicht umzäunt, sondern gingen nahtlos in die Natur über. Für Insider war die Grenze höchstens durch einen Graben oder einen Weg erkennbar, was die meisten Spaziergänger, selbst in England, mit einem erstaunten „Aha!" quittierten.

Im äußersten Südwestwinkel des Parks, direkt am Ufer des *Tiefen Sees*, liegt das **Havelhaus** (90), 1883 von Ludwig Persius errichtet. Ursprünglich wohnte hier der Fährmann, der die Havelfähre hinüber zur Potsdamer Innenstadt bediente. Heute braust der Verkehr mit lautem Getöse über die breitspurige *Humboldtbrücke*, die man zwischen den Baumwipfeln nicht übersehen und schon gar nicht überhören kann.

Auf dem Rückweg zum Parkausgang passiert man die ehemalige **Hofgärtnerei** (91). In dem durch eine Backsteinmauer abgegrenzten Terrain werden noch heute Blumen und Stauden gezüchtet. Außerdem wird das alte *Hofgärtner-* und das *Gärtnergehilfenhaus* von Mitarbeitern der Stiftung Preußische Schlösser und Gärten Berlin-Brandenburg bewohnt.

Eine Station zum Pausieren ist die in Sandstein gemeißelte ovale **Generalsbank** (92). Kaiser Wilhelm ließ sie 1882 zu Ehren seiner preußischen Generäle aus den Kriegen gegen Dänemark (1864), Österreich (1866) und Frankreich (1870/71) aufstellen. Die Porträtbüsten dieser Feldherren schmückten ursprünglich die Postamente der Bankrückwand.

Auch die Aufstellung der **Siegessäule** (93) auf der *Viktoriahöhe* geht auf einen kriegerischen Erfolg Preußens, in diesem Fall gegen Österreich, zurück. Der hohe Säulenschaft ist ein Reststück des riesigen Granitblocks aus einem Steinbruch der Mark Brandenburg, der zur Gewinnung der imposanten Granitschale vor dem Berliner Alten Museum gesprengt wurde. Das korinthische Blattkapitell auf dem hohen Säulenschaft und die geflügelte Siegesgöttin sind Schöpfungen Christian Daniel Rauchs.

In romantisch verschlungenen Schleifen führt der Weg durch den bewaldeten Ostteil des Babelsberger Parks zum Haupteingang zurück.

Der Flatowturm ist von weitem sichtbar

Abstecher

Enklave Klein-Glienicke

Vom Babelsberger Schloßpark führt die Parkbrücke in fünf Minuten über die *Glienicker Lake* zum gegenüberliegenden barocken *Jagdschloß Glienicke* und der sogenannten **Enklave Klein-Glienicke** ⑭, einem kleinen, in sich geschlossenen Ensemble von Häusern längs der Waldmüllestraße und der Louis-Nathan-Allee. Während sich das Jagdschloß bereits auf Berliner Terrain befindet, lag die Enklave im Sperrgebiet der DDR und konnte nur nach mehrmonatiger Anmeldung mit besonderem Passierschein besucht werden. Hier ließ Prinz Carl, ein jüngerer Bruder Kaiser Wilhelms I., nach 1859 zehn alpenländische Häuser im „Schweizer Stil" erbauen, von denen leider nur noch vier erhalten sind. Carl erfreute sich an den hübschen Holzornamenten an Treppen, Dächern und Balkonen – hatten seine Vorfahren in Potsdam doch schon nach russischer, holländischer, französischer und italienischer Manier gebaut!

Am Tiefen See liegt das Matrosenhaus

Nahezu unbekannt, aber ein sehenswertes Kleinod, ist die *Kapelle Klein-Glienicke* am Ende der Louis-Nathan-Allee. Das kleine Gotteshaus wurde 1881 von Reinhold Persius, dem Sohn von Ludwig Persius, erbaut und geriet während der fast 30jährigen Umschließung durch die Mauer völlig in Vergessenheit. Typisch für die Kirchenbauweise um die Jahrhundertwende in der Mark Brandenburg ist das Zusammenspiel von dunkelgrün glasierten Ziegeln mit rotem Backstein. Die Gräberreihen des winzigen *Friedhofs* waren von dem sandigen Grenz-Kontrollstreifen durchschnitten.

Brunnenfigur im Schloßpark Glienicke

7

Seite 69

Weg 8

Die Babelsberger Altstadt

Friedrichskirche – Nowawes – Babelsberger Rathaus – Jagdschloß Stern

Potsdams südöstliche Stadthälfte, das auf der anderen Havelseite gelegene Babelsberg, ist mit dem Neuendorfer Anger sogar der ältere der beiden Siedlungskerne und hat sich bis heute seine ganz eigene Infrastruktur bewahrt. So kommt es, daß mancher selbstbewußte Babelsberger sich nicht unbedingt als Potsdamer verstanden wissen will. Zeugnisse geschickter friderizianischer Siedlungspolitik sind die böhmischen Weberhäuser und die Friedrichskirche. Das 19. Jh. fügte dann ein imposantes und selbstbewußtes Rathaus hinzu.

Der Rundgang beginnt am Weberplatz (S-Bahn S 3 oder S 7, Station Babelsberg; 690, 691, 693; Tram 94, 95). Und wer mit dem Auto kommt, findet hier immer einen Parkplatz.

Der Ortsname Babelsberg leitet sich ab von „Buberow“ und erinnert an die vielen Biber, die hier im 18. Jh. die Bäume abnagten, so lange, bis es Friedrich dem Großen zuviel wurde und er die Ausrottung der Tiere befahl. Dieser König war es auch, der 1750 für die Besiedlung dieser Gegend sorgte, indem er rund um den Weberplatz für fast 700 ausgewanderte Textilhandwerker aus Böhmen eine Häuserkolonie samt Kirche errichten ließ.

Eine besonders stimmungsvolle Atmosphäre erlebt man auf dem *Weberplatz* samstags zwischen 8 und 15 Uhr. Dann nämlich herrscht reges *Markttreiben* unter den hohen Bäumen. Obst und Gemüse vor allem aus heimischen Anbaugebieten werden munter feilgeboten; hie und da findet sich auch ein Tisch mit Trödel und verstaubten Antiquitäten.

Wo eine größere Menge Menschen unterschiedlichen Glaubens zusammenlebte, sollte jeder nach den Toleranzvorstellungen Friedrichs des Großen auch ungestört seinen Glauben ausüben können. So beauftragte er 1754 den holländischen Architekten Jan Bouman d. Ä. mit dem Bau der **Friedrichskirche** (95). Doch damit die armen Weber immer vor Augen hatten, daß sie in Preußen lebten, soll der König angeblich einen Anstrich der Kirchen-Dachziegel in den preußischen Landesfarben Schwarz und Weiß befohlen haben. Heute ist davon nichts mehr zu sehen. Der frisch restaurierte und gemütlich wirkende Innenraum der Kirche besticht besonders durch die schön geschnitzte *Holzempore* in Hufeisenform (keine festen Öffnungszeiten; Interessenten wenden sich ans Gemeindebüro in der Schulstraße 8 c).

1995 wurde neben der Kirche ein **Denkmal** eingeweiht, das die Skulptur von **Bischof Johann Amos Comenius** (1592–1670) (96), dem geistigen Vater der böhmischen Brüdergemeinde, zeigt. Dieser bedeutende Theologe, Pädagoge und Philosoph der frühen Neuzeit gilt als Begründer der modernen Didaktik. Stadthistoriker vermuten, daß die sonderbare Dreiecksform des Weberplatzes auf das Comenius-Dreieck zurückgeht, das besondere Symbol dieses Bischofs.

Im 18. Jh. gehörten zur böhmischen Weberkolonie **Nowawes** gut 150 Häuschen, in denen sich zu besten Zeiten über 100 Webstühle befanden. Den Kolonisten war es freigestellt, entweder auf eigene Rechnung zu arbeiten oder sich als Lohnarbeiter zu verdingen. In letzterem Fall stellte der Manufakturunternehmer Wolle und Garn bereit. Oftmals reichte aber die Arbeit nicht aus, um den Lebensunterhalt einer Familie sicherzustellen.

Die allerdings auch nicht gerade temperamentlosen böhmischen Emigran-

8
Seite 75

ten waren so vielen Repressalien ausgesetzt, daß es bis Mitte des 19. Jhs. mehrmals zu Aufständen kam, denn oft waren die Familien so arm, daß sie nichts zu verlieren hatten. Den aufwieglerischen Geist der kleinen Leute, die in diesem Viertel seitdem immer lebten, fürchteten sogar die Nationalsozialisten: Auch in den 30er Jahren kam es hier zu kommunistischen Protestaktionen.

Noch heute erinnern Straßennamen, wie *Garn-, Wolle-* und *Jutestraße* an die Nowaweser Tuchmacher. Wer die *Karl-Liebknecht-*, die *Rudolf-Breitscheid-Straße* oder die Straße *Alt Nowawes* hinunterläuft, stößt überall auf die bescheidenen Weberbehausungen: niedrige Doppelhäuser mit einer Tür in der Mitte und je zwei Fenstern rechts und links. Darin befanden sich eine Arbeitsstube, daneben eine Schlafkammer und Küche, darüber ein flacher Dachboden. Die Überlegung, eines dieser Häuser als exemplarische Dauerausstellung einzurichten und dem Potsdam-Museum anzugliedern, findet immer mehr Befürworter.

Der wohl berühmteste Bewohner dieser Kolonie war der böhmische Geiger und Komponist Franz Benda, von Friedrich dem Großen als Konzertmeister angestellt. Benda lebte ab 1734 mit seiner Familie in der **Karl-Liebknecht-Straße 15 ⑰**.

An der großen Straßenkreuzung zur Rudolf-Breitscheid-Straße steht das imposante **Babelsberger Rathaus ⑱**. Der Architekt Otto Kerwien baute 1899 ganz im Stil des Historismus, als er sich für diesen roten Backsteinbau mit den vielen Giebeln, Balkonen, Türmen und Arkaden entschied. Seit der Eingemeindung nach Potsdam im Jahre 1939 benötigen die Babelsberger jedoch kein eigenes Rathaus mehr, und so hat es heute die Funktion eines *Kulturzentrums*.

Rund um den **Neuendorfer Anger** erstreckt sich der eigentliche Ursprung von Potsdam. Noch an der eiförmigen

Die Friedrichskirche in Babelsberg

Weberhäuser

95 Friedrichskirche
96 Denkmal J. A. Comenius
97 Karl-Liebknecht-Straße 15
98 Babelsberger Rathaus
99 Bethlehem-Kirche
100 Jagdschloß Stern

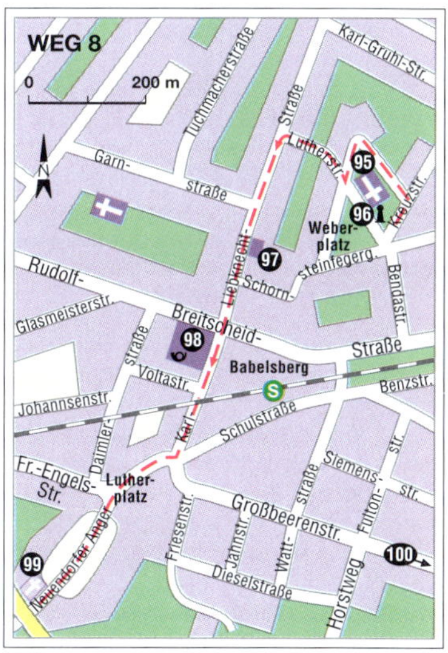

8
Seite 75

Struktur dieser Sackgasse ist die Vergangenheit als slawisches Runddorf aus dem 9. Jh. ablesbar. Der Anger liegt auf einer Anhöhe über dem Flüßchen *Nuthe*, das man von hier aus nicht mehr sehen kann, da die dazwischen gebaute *Nuthe-Schnellstraße* den Blick versperrt.

Neben Nowawes hatte auch dieser Siedlungskern sein eigenes Gotteshaus, die oktogonale **Bethlehem-Kirche** (99). Sie wurde Mitte des 19. Jhs. nach den Ideen von König Friedrich Wilhelm IV. in formaler Anlehnung an St. Gereon in Köln erbaut. Bei dem großen Bombenangriff auf Potsdam im April 1945 brannte die Kirche völlig aus und steht heute nur noch als traurige Ruine. Trotzdem ist der Bau seit längerem im Gespräch. Die Stadt erwägt, den Grund und Boden der Jüdischen Gemeinde zu schenken, damit sie sich wieder ein neues Gotteshaus als Ersatz für die ebenfalls kriegszerstörte Synagoge am Wilhelmsplatz in der Stadt bauen kann.

Ausflug

Jagdschloß Stern

Wer von der Babelsberger Altstadt aus die Großbeerenstraße geradeaus fährt und kurz vor der Autobahn 115 rechts in die schmale Waldstraße *Kohlhasenbrück* abbiegt, gelangt in die Potsdamer *Parforceheide* zum Jagdschloß Stern (Bus 690, Haltestelle Jagdhausstraße; von der Stadtmitte Potsdam aus erreichbar mit der Straßenbahn der Linie 98).

8

Seite 75

Auch der Soldatenkönig Friedrich Wilhelm I. frönte der an vielen europäischen Fürstenhöfen verbreiteten Leidenschaft für die Parforcejagd. Deshalb ließ er hier ein strahlenförmiges Wegenetz freiholzen und das **Jagdschloß Stern** (100) an den Rand dieses Wegesystems erbauen. Die Parforcejagd (frz. par force = mit Gewalt) erforderte lichten Wald und freie Wege, denn dabei hetzten Reiter und Meutehunde einen Hirsch solange durchs Unterholz, bis der König ihm den Todesstoß versetzen konnte. Ursprünglich bestand der Wegestern aus 16 Achsen, heute sind nur noch neun erkennbar. 1730 begann man mit dem Bau des zierlichen Jagdschlößchens. Vorder- und Rückseite des roten Backsteinhauses sind mit schlichten Giebeln verziert, die Zimmer mit typisch holländischen Schiebefenstern versehen. Friedrich Wilhelm hatte das Vorbild der properen und praktischen holländischen Bürgerhäuser im Sinn, die er während zweier Reisen in die Niederlande kennengelernt hatte. Die Frage nach dem Baumeister konnten die Kunsthistoriker bislang nicht eindeutig klären. In Betracht kommt entweder Cornelis van den Bosch aus Schipley bei Den Haag oder Jan Bouman d. Ä., der Architekt des Holländischen Viertels.

Im Innern nimmt der *Jagdsaal* die Hälfte des Hauses ein. An der Wand prangen abgeworfene Geweihstangen des „Großen Hans", der angeblich der Lieblingshirsch des Königs gewesen sein soll, und auf dem schweren Eichentisch steht ein schneeweißes Porzellan-Wildschwein. Eine überaus gemütliche Atmosphäre schaffen die holzgetäfelten Wände und der große Kamin. Von schlichter Zweckmäßigkeit ist die *Küche*, in der Friedrich Wilhelm auch schon mal selbst gekocht haben soll. Genauso schlicht ist das *Schlafzimmer* dieses unprätentiösen Königs: Ein einfaches Holzkojenbett tat es eben auch! Eine Einrichtung von besonderer Raffinesse dagegen ist die Tür neben dem Bett, die hinab zum *Weinkeller* führt (⌚ 11. Mai bis 13. Okt. Sa–So 10–12 und 13–17 Uhr).

Im Sommer kann man im Biergarten der Gaststätte **Kastellanhaus am Stern** nebenan eine Rast machen. Das Restaurant hat die historische Bedeutung des 1733 errichteten Gebäudes aufgegriffen, denn hier übernachteten bei Bedarf die Bediensteten und Jagdgäste des Königs.

Das Babelsberger Rathaus

Ratskeller
Zentrum
Oberlinhaus

Weg 9

Villenkolonie Neubabelsberg

Dieser Rundgang durch Neubabelsberg läßt Lebensschicksale und Mythen der 20er und 30er Jahre in Deutschland wieder aufleben, denn mit ihren mondänen Häusern und parkartigen Gärten war die Villenkolonie – bis zur Enteignung in den 30er Jahren – bevorzugte Wohngegend vieler namhafter Filmstars, Architekten, Politiker, Bankiers, Literaten, Wissenschaftler und Kaufleute. Daher hat das romantische Viertel, in landschaftlich reizvoller Lage am Griebnitzsee, noch heute den Ruf eines „Beverly Hills der 30er Jahre". Zur Zeit gestalten sich die Besitzverhältnisse der Villen oft so kompliziert, daß die rechtliche Klärung mitunter Jahre dauert. Der zwei- bis dreistündige Rundgang beginnt und endet an der S-Bahnstation Bahnhof Griebnitzsee (S-Bahn S 3 und S 7; 693).

Die Entstehung der ***Villenkolonie Neubabelsberg** steht in engem Zusammenhang mit der Entwicklung Berlins in der zweiten Hälfte des 19. Jhs. Zu Beginn der 60er Jahre lebten die Menschen in ihren Mietskasernen der 3,5-Millionen-Stadt so eng beeinander, daß die, die es sich leisten konnten, begannen ins Grüne zu ziehen. So entstanden im Umkreis Berlins zahlreiche Villenkolonien; Neubabelsberg ist eine davon. Besonders nach der Reichsgründung 1871, die Berlin zur deutschen Hauptstadt machte, setzte eine Phase rasanter Bodenspekulation ein. Um an dieser Entwicklung teilzuhaben, erwarben die beiden Regierungsräte Wilhelm Böckmann und Hermann Ende 1872 ein knapp 60 ha großes Forstgelände längs des *Griebnitzsees*, zwischen dem *Schloßpark Babelsberg* und dem *Bahnhof Griebnitzsee*. Anschließend wurde es in Parzellen an gutbetuchte Bauwillige aus allen Bereichen des öffentlichen Lebens verkauft, die sich von den großen und bekannten Berliner Architekten der Zeit ihre Villen erbauen ließen. Dabei dürfte die Anwesenheit der kaiserlichen Familie, sozusagen gleich um die Ecke, die Attraktivität dieser Wohngegend zusätzlich gesteigert haben.

Auf der Anhöhe gegenüber vom S-Bahnhof Griebnitzsee öffnet sich ein atemberaubend schöner Blick über den schmalen **Griebnitzsee** ⓵⓪⓵, der an seiner südlichsten Stelle einen starken Knick macht. Gegenüber liegt der *Berliner Forst* wie eine Insel in der Havel. Besonders schön muß für die Villenbewohner die Existenz einer Badeanstalt in der Seemitte gewesen sein, zu der man mit einem Boot übersetzen konnte.

Heute sieht man hier des öfteren die Mitglieder des erfolgreichen und bekannten Potsdamer Ruderklubs mit ihren Booten beim Training. Bis zur Wende war das allerdings nicht möglich, da in der Mitte des Sees die Staatsgrenze verlief und das gesamte Bahnhofsgelände für den Durchschnittsbürger der DDR auf verbotenem Terrain lag. Den asphaltierten Uferweg für Kontrollgänge der Grenztruppen sieht man noch heute.

Wie ein roter Faden zieht sich die fast schnurgerade *Karl-Marx-Straße* durch die Kolonie. Zu Zeiten Kaiser Wilhelms I. hieß sie noch Kaiserstraße, später dann Straße der SA. Sie beginnt an der Ecke zur Rudolf-Breitscheid-Straße als kleiner dreieckiger Platz, auf dem das **Postgebäude** ⓵⓪⓶ steht, ein erhabenes altes Haus aus der Zeit um die Jahrhundertwende im ländlich geprägten Heimatstil mit viel Fachwerk.

Gegenüber, in der *Karl-Marx-Straße 2*, liegt die **Gründerzeitvilla Müller-Grote** ⓵⓪⓷. 1891 haben sie die namhaften wilhelminischen Architekten Heinrich Joseph Kayser und Karl von Groß-

9

Seite 81

heim für den Berliner Belletristik-Verleger Carl Müller-Grote, Inhaber der traditionsreichen Groteschen Verlagsbuchhandlung, errichtet. Nach Ende des Zweiten Weltkriegs mußten die Bewohner das Haus innerhalb weniger Stunden räumen, denn die Sowjets benötigten Häuser für die Teilnehmer der Potsdamer Konferenz. So kam es, daß hier während der Konferenz von 17. Juli bis 2. August 1945 der amerikanische Präsident Harry S. Truman residierte. In dieser Zeit erhielt die Villa den Beinamen „Kleines Weißes Haus“. Hier traf Truman am 24. Juli die folgenschwere Entscheidung zum Abwurf der Atombomben über Hiroshima und Nagasaki.

Der Griebnitzsee zwischen Klein-Glienicke und Babelsberg

Seit 1959 wurde die Villa als Schule, ab Mitte der 70er Jahre als Möbellager genutzt. Zur Beförderung der deutsch-amerikanischen Beziehungen öffnete hier 1994 das *Truman Memorial Center* seine Pforten. Eine kleine Dauerausstellung informiert über die Geschichte des Hauses (Anmeldung: ☏ 48 28 80).

Villa Türk

Nicht viel weniger bekannte Bewohner hatte die **Villa Türk** (104), an der nächsten Ecke zur *Virchowstraße 1/5*. 1928 kaufte der Rüstungs-Industrielle Günther Quandt das Anwesen. In erster Ehe war Quandt mit der Schauspielerin Magda Quandt verheiratet, die ihn später verließ und als Ehefrau des nationalsozialistischen Reichsministers für Volksaufklärung und Propaganda Joseph Goebbels die Muttertagsansprache im Radio halten durfte.

Villa Urbig

Seinen Namen erhielt das riesige, breitgelagerte Gebäude jedoch von seinem Erbauer, dem Potsdamer Schulrat Wilhelm Carl Christian von Türk, der die Erziehungsideale des Schweizer Pädagogen Pestalozzi um 1820 in Preußen förderte.

Weiter unten, in der *Virchowstraße 23*, hat der in aller Welt geschätzte Architekt der klassischen Moderne Ludwig

Villa Herpich

9

Seite 81

Mies van der Rohe seine Visitenkarte hinterlassen. Die **Villa Urbig** (105) ist ein exzellentes Beispiel für den eine gewisse Heiterkeit atmenden Neoklassizismus dieses Architekten. Auftraggeber war Franz Urbig, Vorstandspräsident der Deutschen Bank, und seine Frau Elisabeth. 1917 war das Haus bezugsfertig. Die Urbigs pflegten ein offenes Haus mit Gesprächsrunden und Konzerten, die hin und wieder auch Kronprinzessin Cecilie aus dem Neuen Garten besuchte.

Während der Potsdamer Konferenz im Sommer 1945 erkoren die Briten das Haus als Wohnsitz für Premierminister Winston Churchill. Nach der Wende wurde es an die Familie rückübertragen und konnte mit Unterstützung der Denkmalpflege behutsam restauriert werden.

Nachdem die Rote Armee die Villenkolonie am 26. April 1945 besetzt und Wochen später das gesamte Terrain wegen der Vorbereitung zur Potsdamer Konferenz hermetisch abgesperrt hatte, mußte auch die Familie des Berliner Teppichfabrikanten Paul Herpich ihr Haus in der *Karl-Marx-Straße 27* innerhalb weniger Stunden verlassen. Dabei durften nur die nötigsten Habseligkeiten auf einem Leiterwagen mitgenommen werden. Die Einrichtung, wertvolle Teppiche, Möbel und Kunstgegenstände, wurde konfisziert, denn die **Villa Herpich** (106) wurde für keinen Geringeren als den Volkskommissar und Ministerpräsidenten der UdSSR Josef Stalin hergerichtet. Heute wird das Gebäude privat bewohnt.

Der romantische kleine *Bergweg* führt treppauf zur **Villa Sarre** (107) in die *Spitzweggasse 6*. Otto Sior erbaute das stattliche Gebäude mit dem riesigen Hanggarten zum Griebnitzsee nach Art einer italienischen Turmvilla aus der Renaissance.

Bauherr war der honorige Kunsthistoriker Friedrich Sarre, der als Direktor der Islamischen Abteilung des Pergamonmuseums tätig war. Von seinen Forschungreisen nach Vorderasien, Persien und Turkestan brachte er unzählige Kunstgegenstände mit, aus Ägypten z. B. den 12 m langen *Löwenfries,* den man hoch oben, unter dem überdachten Turmgang sehen kann.

Wenige Schritte weiter, ganz heimlich und abgeschieden am Ende der *Spitzweggasse* (Haus Nr. 3) findet sich die **Villa Riehl** (108). Das vergleichsweise kleine, ockergelb gestrichene Wohngebäude hat die besondere intime Ausstrahlung eines italienischen Landhauses. Es stammt aus dem Jahr 1907 und gilt als das Erstlingswerk Ludwig Mies van der Rohes. Der 21jährige baute es für den Philosophieprofessor Alois Riehl, der sich 1897 mit der ersten Biographie über Friedrich Nietzsche einen Namen machte.

Der Rückweg führt über die *Rosa-Luxemburg-Straße,* die einst zu Ehren der benachbarten Kaiserin Augustenstraße hieß. Als nächstes fällt die **Muthesius-Villa** (109) mit der *Hausnummer 21* wegen ihrer herrschaftlichen Auffahrt und der geschmackvollen Proportionen ins Auge.

Das Haus stammt von Hermann Muthesius, einem Schüler des Koloniegründers Hermann Ende. Der diplomierte Ingenieur war als Botschafter in London attachiert, wo er die englische Wohnkultur studierte. Nach Berlin zurückgekehrt, machte er sich besonders um den englischen Landhausbau verdient. Teile der alten Gartenanlage hinter dem Haus und der schöne originale Vorgartenzaun von 1925 sind noch erhalten.

In unmittelbarer Nachbarschaft, in der *Rosa-Luxemburg-Straße 24,* steht die prächtige **Tauber-Villa** (110). In den 20er Jahren lebte hier der Tenor Richard Tauber, der mit dem Lied „Mädchen, mein Mädchen" Weltruhm erlangte. Unter den Nachbarn wird noch heute erzählt, daß Taubers einzigartig sonore Stimme im Sommer aus den geöffneten Fenstern drang – solange, bis er 1933 als Jude vor den Nazis fliehen mußte.

9
Seite 81

Um die Ecke öffnet sich ein kleiner runder Straßenraum, der *Johann-Strauß-Platz*. Inmitten eines kleinen, stillen Gartenparks mit der *Nr. 11* liegt die **Villa Gugenheim** 111. Dieses wunderschöne große Backsteinhaus erbaute Hermann Muthesius für den jüdischen Seidenfabrikanten Hans Gugenheim. Seine ineinander verschlungenen Initialen finden sich noch an dem schmiedeeisernen Tor. Bis 1938 blieb die Villa in Besitz der Gugenheims, dann kaufte sie rechtmäßig die Ufa-Schauspielerin Brigitte Horney. Ihr Untermieter war eine Zeitlang Erich Kästner, der hier sein Drehbuch für den legendären Film „Münchhausen" verfaßte.

Bis 1992 unterhielt hier die Fachschule für Archivwesen ein Internat, danach stand die Villa drei Jahre lang leer und geriet zeitweilig als Wohnort der jungen Babelsberger Hausbesetzerszene in die Schlagzeilen.

Etwas aus der Reihe der feudalen Villen für Besitzer von gehobeneren Bank-

Löwenfries an der Villa Sarre

101 Griebnitzsee
102 Postgebäude
103 Villa Müller-Grote
104 Villa Türk
105 Villa Urbig
106 Villa Herpich
107 Villa Sarre
108 Villa Riehl
109 Muthesius-Villa
110 Tauber-Villa
111 Villa Gugenheim
112 Haus Marchwitza
113 Villa Wiener
114 Villa Zeissler
115 Villa Lilienthal

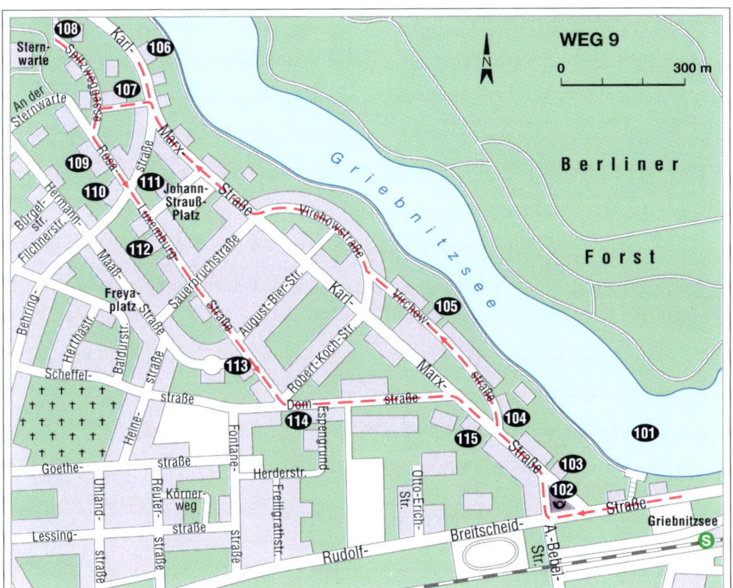

9

Seite 81

konten tanzt das etwas bescheidenere **Haus Marchwitza** ⓬ in der *Rosa-Luxemburg-Straße 27*. An der Rückfront zum Garten hinaus hatte der Arbeiterschriftsteller Hans Marchwitza von 1956 bis zu seinem Tod im Jahre 1965 sein Arbeitszimmer. In den 30er Jahren mußte der junge Ruhrgebiets-Proletarier aufgrund seiner Bücher „Sturm auf Essen" und „Roheisen" emigrieren.

Nach 1945 half der überzeugte Kommunist beim Aufbau der DDR, wo er seine geistige Heimat fand und politisch gern gesehen war.

In der *Rosa-Luxemburg-Straße 40* liegt das Eckhaus, die **Villa Wiener** ⓭, vielen Babelsbergern eher als *Adenauer-Haus* bekannt, denn hier verbrachte der spätere Bundeskanzler Konrad Adenauer 1934/35 einige Monate seines selbsterwählten Exils, nachdem die Nazis ihn vom Dienst des Kölner Oberbürgermeisters suspendiert hatten. Adenauer mußte sich vorsehen, die braunen Machthaber nicht nochmals zu reizen, und so gewährte ihm sein guter Freund, der jüdische Kaufmann Norbert Wiener, Unterschlupf.

Populär ist auch die **Villa Zeissler** ⓮ in der *Domstraße 28*. Die charmant-morbide Villa in einem großen Garten mit altem Baumbestand gehörte ursprünglich dem erfolgreichen jüdischen Krimi-Regisseur Alfred Zeissler. 1935 mußte er bei Nacht und Nebel flüchten und ließ ein Haus voller Kunstschätze zurück.

1940 zogen die Ufa-Entertainerin Marika Rökk und ihr Ehemann, der Regis-

Filmstadt Babelsberg

Nur einen Steinwurf weit von der Villenkolonie, an der heutigen August-Bebel-Straße, legte die Firma Bioscop 1912 den Grundstein für eines der größten und mittlerweile traditionsreichsten Filmstudios der Welt.

Erste Produktion war der Stummfilm *„Der Totentanz"* mit Asta Nielsen unter der Regie von Urban Gad. In den folgenden Jahren ging es bergauf: Bekannte Schauspieler wie Henny Porten, Paul Wegener, Grete Wiesenthal und Emil Jannings traten hier vor die Kamera – der Name Babelsberg wurde der Welt ein Begriff.

Nach dem Ersten Weltkrieg bildete sich die Ufa (Universum-Film AG). In den 20er Jahren drehten Regisseure wie Fritz Lang und Friedrich Wilhelm Murnau Filmgeschichte mit legendären Streifen wie *„Dr. Mabuse"*, *„Der Spieler"*, *„Metropolis"* oder *„Faust"*. Nach dem Bau eines Tonfilmateliers fiel ab 1929 die Klappe für den ersten deutschen Tonfilm, die *„Melodie des Herzens"*, mit Willy Fritsch in der Hauptrolle. In der Folge wurde ein epochemachender Streifen nach dem anderen abgedreht. Publikumslieblinge waren *„M"* von Fritz Lang, *„Der blaue Engel"* mit Marlene Dietrich, der *„Münchhausen"* mit Hans Albers und die *Feuerzangenbowle* mit Heinz Rühmann. Aber vor allem in den 40er Jahren wurde hier viel Fragwürdiges gedreht. Die Nazis setzten kriegsverherrlichende oder kitschig-laue Durchhaltefilme ein, um das Volk auf ihre Linie einzuschwören.

Nach dem Zweiten Weltkrieg war die DEFA (Deutsche Film-Aktiengesellschaft) vom Dienst am Sozialismus bestimmt, Titel wie *„Ernst Thälmann – Sohn einer Klasse"* sprechen für sich. Zu Anfang mußten sich Mimen, Techniker und Regisseure mit bescheidensten Verhältnissen arrangieren, denn das wertvolle Gerät der Studios war zur Gänze demontiert worden. Für mehr als 700 Streifen fiel hier die Klappe, unter anderem auch für Ulrich Plenzdorfs *„Legende von Paul und Paula"*.

Der nächste Umbruch kam mit der Wende. Angesichts der konkurrierenden Studios in München und Hamburg hätte noch 1991

9

Seite 81

seur Georg Jacoby, ein. Zur Zeit erhebt die Jüdische Gemeinde Anspruch auf das privat bewohnte Objekt, das Rückgabebegehren der Rökk wurde abgelehnt.

Wie ein zinnenbekröntes Märchenschloß des viktorianischen Stils wirkt die **Villa Lilienthal** **115** in der *Karl-Marx-Straße 66*. Der Architekt Gustav Lilienthal, Bruder des berühmten Flugpioniers Otto Lilienthal, erbaute sich dieses auffällige gelbe Backsteingebäude mit einem Turm. Nach der Wende gingen gleich mehrere Rückführungsanträge für dieses einmalige Haus ein.

1938 wohnte hier Heinz Rühmann während seiner Dreharbeiten bei der Ufa. Später nutzte es die DDR-Filmgesellschaft DEFA als Gästehaus und auch als Kulisse für mehrere Filme.

Villa Lilienthal

niemand auch nur einen Pfifferling für die Zukunft der Babelsberger Studios gegeben. Doch der französische Immobilienkonzern CGE und die englische Chelsfield-Gruppe kauften die Studios von der Treuhand und verpflichteten sich zur Übernahme von 700 der einst 3000 Angestellten. Auf dem 40 ha weiten Gelände, so groß wie der Vatikanstaat, entsteht allmählich eine hochmoderne und dynamische Medienstadt, umrahmt von Medien-, Büro- und Dienstleistungsbetrieben.

Der Oscar-gekrönte Regisseur der *„Blechtrommel"*, Volker Schlöndorff, hat die künstlerische Leitung. Seitdem wurden hier internationale Produktionen gedreht wie *„La machine"* mit Gérard Depardieu, *„Katharina die Große"* mit Jeanne Moreau und Omar Sharif oder Loriots *„Papa ante portas"*.

Wer Lust hat, hinter die Filmkulissen der Medienstadt zu schauen, dem sei die „Babelsberger Studiotour" empfohlen. Dabei hat man die Möglichkeit, hinter Glas beim Drehen eines Films zuzusehen oder bei einer SAT-1-Live-Talkshow mitzuwirken. Außerdem kann man die Ausstellung *Cinefantastic* besuchen, bei der es sich um die größte Trickeffekt-Sammlung der Welt handelt. Vertrauenserweckende Gestalten wie wütende Zyklopen, feuerspeiende Drachen und schwertschwingende Skelette aus den Filmen *„King Kong"* oder der *„Unendlichen Geschichte III"* treten dem Besucher gegenüber.

Abenteuerlustige können einen Ritt durch die Teufelsmine im Showscan-Actionkino wagen oder sich als Cosmic-Pinball durch die Flipperautomaten-Welt von übermorgen schießen lassen. Besonders beliebt bei Kindern ist das Schminken und Kostümieren.

Geführten Rundgängen von etwa vier Stunden Dauer kann man sich zu festen Zeiten anschließen. Gruppen von mindestens 20 Personen können dreistündige Spezialtouren buchen (Eingang Tonkreuz Ost, Großbeerenstraße, ⌚ tgl. April bis Okt. 10–18, Nov. bis März 9–16 Uhr, ☎ 7 21 27 50 [Besucherservice], 7 21 27 55 [Studiotour]).

9

Seite 81

Ausflüge in die Umgebung

Von Potsdam aus bieten sich zahlreiche Touren in die Vorstädte oder Dörfer der Umgebung an. Die reizvolle landschaftliche Stimmung der großräumigen und immer wieder vom Wasser geprägten Potsdamer Kulturlandschaft ist vom Frühjahr bis in den Spätherbst ein besonderer Genuß – eine echte Abwechslung für Großstadtmüde. Es empfiehlt sich auch, sich mit einem Fernglas zu bewaffnen, denn die bereits mehrfach erwähnten Sichtachsen lohnen diese Mühe. Die beschriebenen Ausflugsziele sind auch mit öffentlichen Verkehrsmitteln zu erreichen, und sie werden hier in der Reihenfolge genannt, in der man sie besuchen kann.

**** Bornstedt.** Wie ein italienisches Dörfchen wirkt der eingemeindete Vorort, der nur 500 m hinter der Orangerie von Sanssouci beginnt (🚌 692). Bornstedt, so marode auch manches noch aussieht, ist wieder in; so widmet sich beispielsweise der Designer Wolfgang Joop wieder dem Haus, in dem er seine Kindheit verbrachte. Um die Mitte des 19. Jhs. fiel das Augenmerk König Friedrich Wilhelms IV. auf das kleine Dorf, das sich beiderseits der Ribbeckstraße erstreckt. 1856 beauftragte er Friedrich August Stüler mit dem Bau der *Bornstedter Kirche*. Im Innern sind drei wertvolle Barockepitaphien aus dem 18. Jh. zu sehen, von denen das des Johann Jakob Freiherrn von Gundling, eines absonderlichen Zeitgenossen aus dem Tabakkollegium des Soldatenkönigs, das skurrilste ist (🕓 Mai bis Okt. Mi, Sa 14–16, So 10 bis 12 und 14–16 Uhr).

Rund um die Kirche liegt einer der zauberhaftesten *Friedhöfe* der ganzen Mark Brandenburg. Auch Theodor Fontane schwärmt in seinen „Wanderungen durch die Mark Brandenburg“ von diesem landschaftlichen Kleinod. Berühmte Persönlichkeiten, die das Leben am preußischen Hof mitprägten, liegen hier bestattet, neben zahlreichen Hofdamen der letzten deutschen Kaiserin auch der Gartenarchitekt Peter Joseph Lenné, die Baumeister Ludwig und Reinhold Persius. In einer abgeteilten Privatanlage fand die vielköpfige Hofgärtnerfamilie Sello ihre letzte Ruhestätte. Darüber hinaus ziehen die Gräber und Gedenktafeln für die Widerstandskämpfer des 20. Juli 1944 Henning von Tresckow, Ulrich von Sell und Kurt Freiherr von Plettenberg alljährlich viele Besucher an.

Zum Dorfensemble gehört auch das gegenüberliegende *Gut*. Einst waren hier Kinder aus dem Militärwaisenhaus untergebracht, seit 1841 gehörte es dann der Krone und heute sind hier Landwirtschafts- und Wirtschaftsunternehmen ansässig.

Wer neben der Kirche die Eichenallee hinunterläuft, vorbei am Drachenberg, gelangt zur *Lindstedter Chaussee*, wo ein bißchen versteckt hinter Bäumen, das *Schloß Lindstedt* liegt. Als die Geisteskrankheit Friedrich Wilhelms IV. in seinen letzten Lebensjahren immer offensichtlicher wurde, ließ er sich 1860 diese Art italienische Villa als Altersruhesitz bauen. Doch der König starb, bevor das Gebäude fertiggestellt war, und in der Folgezeit wurde es an Privatleute verpachtet. Heute gehört die Villa der Schlösserstiftung und wird als mietbares Veranstaltungshaus für private und öffentliche Feste hergerichtet. Das Innere ist daher nicht zugänglich, doch gegen einen Spaziergang im Park hat niemand etwas einzuwenden.

Auf der Potsdamer Straße, 3 km weiter stadtauswärts, gelangt man in das eingemeindete Dorf **Bornim** (🚌 692). Bis hierhin reichten im 19. Jh. Peter Joseph

Bornstedter Kirche

Lennés Maßnahmen zur Landschaftsverschönerung, was noch heute anhand des reichen Bestandes an Linden und Obstbäumen nachvollziehbar ist. Mitten im Ort erhebt sich die imposante rote Backsteinkirche aus der Zeit der Jahrhundertwende (🕓 So 10–12 Uhr).

Recht grün geht es auch Am Raubfang 6, in unmittelbarer Nähe von Bornstedt, im *Schaugarten* samt dazugehöriger *Gärtnerei* des einstigen Bornimer Pflanzenzüchters *Karl Foerster* zu. 1911 eröffnete Foerster hier seine großzügige Gartenanlage mit dem romantisch umwachsenen Wohnhaus in der Mitte, und machte sich in den folgenden Jahrzehnten, besonders als Züchter winterharter Blütenstauden einen internationalen Namen. Seine schwungvolle Autobiographie „Ein Garten der Erinnerung" berichtet davon. Bornim war fortan als „Worpswede der Gartenkunst" in aller Munde.

Nach seinem Tod im Jahr 1970 übernahm seine Tochter, die Gartenkünstlerin Marianne Foerster, die Pflege des Frühlingsweges, des Stein- und des Senkgartens – ein abgesenkter Terrassengarten (🕓 tgl. von morgens bis zum Einbruch der Dunkelheit; spezielle Führungen über die Urania, ☎ 29 17 41).

4,5 km sind es nordwärts auf der B 273 (🚌 614, 650; 🚆 R 4) bis nach **Marquardt,** wo ein anziehendes märkisches *Schlößchen* inmitten eines großen *Landschaftsgartens* am Ufer des *Schlänitzsees* auf den Besucher wartet. 1795 vermachte Friedrich Wilhelm II. das Anwesen seinem Kriegsminister, der hier im Beisein des Königs unheimliche spiritistische Sitzungen abgehalten haben soll.

Als der wohlhabende Berliner Eisenhändler Louis Ravené das Schloß 1892 kaufte, ließ er alles in neubarocker Pracht umgestalten. Im Park steht noch heute die große Gartenplastik *„Silen mit zwei Nymphen"* von Walter Schott, die Ravené seiner Tochter zum Geburtstag schenkte. Im elegant oval geschnittenen Tanzsaal und auf der Terrasse des Erdgeschosses speiste schließlich in den 30er Jahren die Berliner Hautevolee, denn Ravené hatte Geldprobleme und mußte verpachten. So betrieb hier das Hotel Kempinski über mehrere Jahre hinweg ein schickes Ausflugsziel im Grünen, das bei der feineren Potsdamer und Berliner Gesellschaft höchst beliebt war.

Momentan verändert sich auf dem Gelände nicht viel, denn seit Jahren verhandeln verschiedene Investoren mit der Gemeinde und dem Denkmalschutzamt um die Verkaufs- und Renovierungsbedingungen.

Eine Visite wert ist auch die schöne *Backsteinkirche,* die Ravené Ende des 19. Jhs., als er noch vermögend war, großzügig gestiftet hatte. Deshalb befindet sich in der nördlichen Chorseitenkapelle die Familiengruft der Ravenés (🕓 Mo–Fr 17–18 Uhr, Sa–So nach dem 11-Uhr-Gottesdienst).

**** Paretz,** ein 20 km außerhalb von Potsdam gelegener Ortsteil der kleinen Fischerstadt *Ketzin* am *Göttinsee,* ist ein liebenswertes Dorfensemble, das im 19. Jh. zu Königin Luises Zeiten seine Glanzjahre erlebte (Anfahrt per Schiffstour mit der Weißen Flotte zu empfehlen, ☎ 2 80 00 31/32). Zwischen 1795 und 1805 ließ Friedrich Wilhelm III. die Guts- und Dorfgebäude von dem Architekten David Gilly d. Ä. im neugotischen Stil überformen oder vollständig neu erbauen und machte alles zusammen seiner Gemahlin zum Geschenk. Luise, die sich gern frei und ohne jede höfische Etikette bewegte, liebte Paretz ganz besonders und verbrachte mit ihrer Familie hier alljährlich die Erntezeit.

Von der einstigen Schönheit des *Schlosses,* wegen seiner Abgeschiedenheit als „Schloß Still im Land" betitelt, ist leider seit der Plünderung durch die Sowjets im Jahr 1945 nicht mehr viel übrig geblieben. Die sozialistische Nutzung durch den VEB Tierzucht trug ein übriges dazu bei. Sogar die alten Bäume wurden abgeholzt und das Teehäuschen im Park eingeebnet. Die Potsdamer Schlösserstiftung verfolgt den Plan, wenigstens einen Teil des Schlosses als Schloßmuseum einzurichten.

Optischer Anziehungspunkt im Ort ist die bescheidene, kleine *Dorfkirche*. An der Wand der Königsloge, in der Luise und Friedrich Wilhelm dem Gottesdienst beizuwohnen pflegten, erinnert ein Tonrelief Johann Gottfried Schadows an die 1810 unerwartet verstorbene Luise. In der Südostecke des Chores wurden kürzlich mittelalterliche Wandmalereien aus dem 13. Jh. entdeckt, die die Verkündigung und Geburt Christi darstellen.

Bei einem Spaziergang durch den Ort sieht man noch viele kleinere Bauten, die alle zu dem Ensemble gehören, so zum Beispiel die *Dorfhäuser* mit den Fledermausgauben im Dach, die zwei ockergelben *Torhäuser* am Ortseingang und die *Bauernhöfe*. Wer eine kleine Vesper einschieben möchte, wendet sich am besten dem *Gotischen Haus* zu, denn hier, in den Räumen der ehemaligen Schmiede, wird nunmehr ein Restaurant samt Biergarten betrieben. Wenn dann abends in der Dämmerung die Kühe von der Weide durchs Dorf in die Ställe getrieben werden, muß man wieder an Luise denken, denn gerade eben das Ländliche war es, was die Königin so mochte.

Genau in der Gegenrichtung, 8 km südwestlich von Potsdam, seitlich der B 2, an der *Michendorfer Chaussee*, liegt ***Caputh** (🚌 607). Mehr Vergnügen an Land und Gegend hat, wer mit dem Linienbus am Havelufer entlang über die *Templiner Straße* nach Caputh fährt, denn die als *Naturdenkmal* eingestufte *Platanenallee* mit ihren über 25 m hohen Bäumen ist schon eine Augenweide.

Kurz vor dem Ortseingang kommt man links an der *Marien-Quelle* vorbei. Friedrich Wilhelm IV. ließ die kuriose Backsteinwand mit der Quellöffnung 1855 als Tränke für das Wild aus dem Waldgebiet der *Potsdamer Heide* er-

Im Landschaftsgarten von Marquardt

Die Dorfkirche von Paretz besitzt eine Königsloge

Platanenallee zwischen Potsdam und Caputh

richten, und er selbst soll hier immer gern gerastet haben.

Nach langjährigem Verfall erstrahlt das *Schloß Caputh* nun wieder in barocker Pracht. Nach Beendigung der Renovierungsarbeiten soll es ab Sommer 1997 wieder als Schloßmuseum dem Publikum zugänglich sein (🕓 zu erfragen bei der Besucherinformation der Schlösserstiftung, ☎ 9 69 42 02). Dann wird auch der in heißen Sommern wunderbar kühle Fliesensaal im Souterrain, der sich trotz langjähriger Nutzung durch eine Berufsschule komplett erhalten hat, wieder zu sehen sein. Die über 7000 blau-weißen holländischen Fayencen stammen aus dem 17. Jh., als der Große Kurfürst das Anwesen seiner zweiten Gemahlin Dorothea schenkte.

Am 8. Juli 1709 ging Schloß Caputh in die Geschichte ein, denn an diesem Tag trafen sich August der Starke von Sachsen, Friedrich IV. von Dänemark und Friedrich III. von Brandenburg-Preußen zum Dreikönigstreffen in Potsdam und unternahmen eine Lustfahrt per Schiff nach Caputh. Der langgestreckte Garten führt bis zum Templiner See hinunter. Bis hierhin griff der Potsdamer Verschönerungsplan Peter Joseph Lennés, denn er machte aus dem einstigen Barockgarten 1820 einen *Schloßpark* im englischen Landschaftsstil.

Schräg gegenüber liegt die *Dorfkirche,* die Friedrich August Stüler 1852 als italianisierende Pfeilerbasilika mit einem Campanile errichtete (🕓 So 10 bis 12 Uhr). Der Innenraum hat durch die hölzerne Kassettendecke und die zartfarbige Ausmalung eine ganz besonders warme Ausstrahlung.

Weniger bekannt ist, daß auch das Leben Albert Einsteins auf besondere Weise mit Caputh verknüpft ist, denn in der Waldstraße 7 besaß der große Physiker sein * *Ferienhaus.* Dieses dunkelbraun gebeizte Holzhaus mit den tiefen, weißen Fenstern sollte der Nobelpreisträger 1929 von der Stadt Berlin in Anerkennung seiner wissenschaftlichen Leistungen geschenkt erhalten. Letztendlich mußte er es aber doch selbst bezahlen, da der Widerstand gegen ein solches Präsent an einen Juden auf häßliche Weise überhand nahm. In der Abgeschiedenheit des Caputher Waldes verbrachte Einstein bis zu seiner Emigration im Jahr 1932 jede freie Minute. Massiv sträubte er sich gegen den Anschluß eines Telefons, denn er wollte Ruhe zum Arbeiten und Musizieren haben (🕓 Sa bis So 13–16 Uhr, ☎ 03 32 09/7 08 86; wochentags angemeldete Führungen über das Einstein-Forum, ☎ 03 31/ 27 17 80).

Am *Restaurant Altes Fährhaus* ($), wo man ganz vorzüglich je nach Jahreszeit frischen Havelzander, Scholle oder Forelle essen und dabei die passierenden Schiffe beobachten kann, setzt alle paar Minuten eine Autofähre über das *Caputher Gemünde* nach **Geltow** (tgl. 6–20 Uhr; von Potsdam direkt: 🚌 580, 631) über. Geltow feierte ebenfalls wie Potsdam 1993 sein tausendjähriges Jubiläum, denn Kaiser Otto III. erwähnte 993 die beiden Städte „Poztupimi et Geliti“ gleichermaßen in einer Schenkungsurkunde.

Ein sehr stimmungsvolles und abgeschiedenes Fleckchen in Geltow ist der parkähnliche Garten rund um eine *Villa,* die der belgische Architekt Henry van de Velde 1928 für den Berliner Bankier *Franke* erbaute (Garten zugänglich).

Das Haus auf dem *Franzensberg 1/3* ist an seiner kubenartigen Bauweise zu erkennen, die stark ans Bauhaus erinnert. Wochentags wird das Gebäude von der evangelischen Jugendhilfe als Speisesaal genutzt. Wie von einem kleinen Plateau geht der Blick von hier über den Schwielowsee, dessen Wasseroberfläche besonders bei Gegenlicht silbrig glitzert.

In den 80er Jahren des vorigen Jahrhunderts sorgten der 99-Tage-Kaiser Friedrich Wilhelm III., und seine Frau Victoria dafür, daß die Dörfer um Potsdam reichlich mit Kirchen bestückt wurden. Dazu zählte auch die *Dorfkirche* im *Ortsteil Alt-Geltow.* Wie gemalt erhebt sich der rote Backsteinbau mit hohem Turm und grün glasierten Ziegeln dicht am Havelufer (◷ So 10 bis 12 Uhr). Das Kaiserpaar hatte auf einer Reise durch Bozen eine Kirche gesehen, die ihnen besonders gut gefiel, und so mußte sie in Geltow genauso nachgebaut werden.

Schräg gegenüber, Am Wasser 19, ranken Rosen und Flieder über den alten Holzzaun einer *Kunsthandweberei,* die sich durch das Engagement der Weberinnen noch aus DDR-Zeiten erhalten hat. Betagte Chefin des kleinen Frauenunternehmens ist die 1904 geborene Henni Jaensch-Zeymer.

In dem großen Tanzsaal des alten Gasthofs, der hier früher beheimatet war, klappern den ganzen Tag die Webstühle. Hier entstehen die altbewährten Gerstenkornhandtücher, dazu Tischdecken, Gardinen- und Möbelstoffe aus Wolle und Leinen. Auch eine Schneiderin ist im Haus und fertigt auf Wunsch Maßkonfektion. Der sachliche Stil der Künstlerin mit den erdigen Farben und den Streifen stammt aus der Bauhaus-Tradition.

Die Mitarbeiterinnen haben das Haus zudem als nettes, kleines Museum hergerichtet, in dem man viel über die Kunst des Webens erfahren kann (◷ Di bis So 11–17 Uhr, ☏ 0 33 27/5 52 72).

Wegen seiner wunderschönen Lage ist das 16 km von Potsdam entfernte **Petzow** besonders im Sommer ein beliebter Ausflugsort. Das Dorf liegt auf einer schmalen Landzunge zwischen der *Grellbucht,* dem *Haussee* und dem *Schwielowsee,* ist also an drei Seiten von Wasser umgeben (🚌 631, von der Station Holländer Mühle 10 Minuten Fußweg entlang der Straße Am Schwielowsee; ⛴ von der Anlegestelle der Weißen Flotte an der

7000 Fayencen schmücken den Fliesensaal im Schloß Caputh

Um die Ruhe zu genießen, zog sich Einstein in sein Holzhaus in Caputh zurück

Caputher Gemünde

Langen Brücke). Petzow wurde schon im Mittelalter angelegt, doch der Besucher trifft heute auf ein Ortsbild, das auf Wunsch des kunstsinnigen Königs Friedrich Wilhelm IV. in der ersten Hälfte des 19. Jhs. umgestaltet wurde. Zu diesem Dorfensemble gehört auch die *Alte Schmiede* in der Kurve zur Fercher Straße 162. Heute ist hier das gleichnamige Café etabliert, in dem sich eine Rast anbietet ($).

Hauptzufahrt zum Schloß ist die *Zelterstraße,* deren Gehöfte rechts und links mit attraktiven Backsteinfassaden verschönert wurden.

In einem kräftigen Hellgelb leuchtet die Fassade des *Schlosses* zwischen den uralten Buchen hervor. Der langgestreckte Bau mit den vier Türmchen und Zinnen sieht eher einem englischen Herrensitz ähnlich als einem märkischen Landsitz. Bis heute weiß man nicht genau, ob die Pläne dazu von Schinkel stammen, zu vermuten ist es aber.

Auf der Hofseite prangt das Familienwappen der ursprünglichen Gutsherren am Giebel. Sinnigerweise zeigt es drei Kähne unter einer Adelskrone, denn seit dem 18. Jh. nannte sich die tüchtige Familie, die zahlreiche florierende Unternehmen in der Umgebung besaß, von Kaehne. Lange diente das Schloß als FDGB-Bildungsstätte, in Zukunft soll eine vornehme Anlage entstehen.

Der dazugehörige *Park* soll von dem Gartenarchitekten Peter Joseph Lenné angelegt worden sein.

Auf einer Anhöhe des *Grelleberges* steht die *Kirche.* Von hier oben hat man ein herrliches Panorama über das gesamte Dorf Petzow auf der einen und die Stadt Werder in der Havellandschaft auf der anderen Seite.

Die Pläne für die Kirche lieferte Karl Friedrich Schinkel. Auffällig ist der Turm, der getrennt von der Kirche steht und durch eine offene Bogenhalle mit ihr verbunden ist. Nach 1945 wurde das Gotteshaus nicht mehr genutzt und verfiel zusehends. Da das kleine Petzow keine eigene Kirche mehr benötigt, wurde sie 1988 sogar entwidmet und für 99 Jahre an das Landratsamt verpachtet. Obwohl der Innenraum 1994 wieder als Kirchenraum mit Kanzel, Altar und Holzbänken restauriert wurde, dient er nun als kulturelle Begegnungsstätte.

Den großen Rausch erlebt das Städtchen **Werder** (10 000 Einw.) alljährlich zum *Baumblütenfest.* In der letzten April- und ersten Maiwoche tobt hier die halbe Mark Brandenburg samt Berlin von Gasthaus zu Gasthaus, um den neuen Obstwein der Gegend zu probieren. Begleitet wird das Gelage von mehreren Bauernmärkten, einer Kirmes und vielen kulturellen Darbietungen. Daß auf die zweiwöchige Nonstopfeier natürlich hie und da ein Brummschädel folgt, versteht sich dabei von selbst.

Erfunden hat das ganze Spektakel der Werderaner Obstzüchter Wilhelm Wils im Jahre 1879, denn er kam als erster auf die Idee, seinen Obstweinausschank in der Zeitung anzukündigen. Schon Tradition hat die Strecke vom Bahnhof hinauf auf den berühmten *Werderschen Höhenzug,* wo man es sich dann im Biergarten der *Gaststätte Friedrichshöhe* (Hoher Weg 86; $) munden läßt.

Aber auch außerhalb des Baumblütenfestes ist in Werder allerhand los. In Werder drehen sich die Baukräne, Grünflächen werden angelegt, Geschäfte, Restaurants und Hotels eröffnet.

Das sicherlich schönste Fleckchen Werders ist die *Altstadt* mit ihren engen Gassen und dem holprigen Feldsteinpflaster, das noch aus der Zeit des Soldatenkönigs zu sein scheint. Der nämlich blieb angeblich auf einer Inspektionsfahrt zu seinen Werderaner Soldaten mit der Kutsche im Schlamm stecken und soll die Pflasterung stante pede angeordnet haben. Die Altstadt liegt auf einer Insel in der *Havel* und ist über eine Brücke mit dem Festland verbunden. Wer Kulinarisches mit nach

Hause nehmen möchte, der sei an die Westseite der Insel verwiesen, wo längs der Ufer und der Torstraße mehrere Räuchereien Havelzander, Barsch und Flußkrebse anbieten. An den kleinen privaten Tischständen bekommt man hier auch frisches Werderaner Obst und einen Arm voll Blumen (580, 631; von der Anlegestelle der Weißen Flotte an der Langen Brücke in Potsdam).

Von der Brücke auf die Werderaner Altstadtinsel hat man einen bezaubernden Blick auf die *Bockwindmühle,* deren technisches Innenleben Gruppen und Einzelpersonen auf Wunsch besichtigen können (über Obstbau-Museum, s. u.).

Gleich daneben, in der Kirchstraße 6–7, liegt das ehemalige Gefängnis, das heute das *Obstbau-Museum* beheimatet. Neben Exponaten, die sich auf den Obstanbau beziehen, zeigt das Museum auch Interessantes aus der Stadtgeschichte und dem ansässigen Handwerk, wie beispielsweise die originale Schuhmacherwerkstatt vom Werderaner Meister Emil Götsch (April bis 15. Okt. Mi 9–16, So 13–17 Uhr; für Gruppen ganzjährig Führungen nach Vereinbarung, 0 33 27/4 31 10 oder 78 33 74).

Neben dem *Alten Rathaus* mit seinem schönen Schweifgiebel steht weithin sichtbar die *Heilig-Geist-Kirche* auf dem *Mühlenberg.* Der fünfspitzige Glockenturm ist das Wahrzeichen der Stadt. Friedrich August Stüler erbaute das von außen etwas steif und streng wirkende Gotteshaus 1858 im Auftrag Friedrich Wilhelms IV. (So 10 bis 12 Uhr; während des Baumblütenfests tgl. 10–18 Uhr).

Zu einer lokalen Berühmtheit wurde das Gemälde „Christus als Apotheker" eines unbekannten Malers. Dazu trug schon Fontane bei, der sich über die absonderliche Idee empörte, daß Christus mit einem Sack Kreuzwurz die Waagschalen der menschlichen Schuld wieder ins Gleichgewicht bringt.

Eine schöne Sicht über Petzow hat man von der Kirche auf dem Grelleberg

Obstbau-Museum in Werder

Auch von Werder aus kann man eine Havelpartie machen

Praktische Hinweise von A–Z

Apotheken

Die Adresse der jeweiligen Notdienst-Apotheke (⌚ tägl. 18.30–8 Uhr) erfährt man unter ☎ 01 15 00.

Behinderte

Allgemeiner Behindertenverband Potsdam e. V., Lindenstr. 54/55, ⌚ Mo–Fr 8–16 Uhr, ☎ 2 80 02 02 oder 2 70 86 13.

Hier gibt es allgemeine Informationen und im besonderen einen Stadtführer mit Vorschlägen für geeignete Besichtigungsrouten, Kneipen und Toiletten für Rollstuhlfahrer.

24-Stunden-Notdienst für Behinderte: ☎ 62 41 27.

Rollitaxi: Klaus Große, Wichgrafstr. 26, ☎ 70 75 14.

Bootsverleih

Potsdam ist ein Dorado für Paddler, Ruderer, Kanuten und Segler, dementsprechend gut ist das Angebot beim Bootsverleih:

Charterboot, Neustädter Havelbucht, ⌚ Mai bis Okt. Mo–Fr 11–18, Sa–So 10–19 Uhr, ☎ 29 68 55 (Jachten, Kajüt-, Sport- und Tretboote).

Bootsverleih, Auf dem Kiewitt 21 a, ⌚ Mai bis Okt. Mo–Fr 10–18, Sa–So 8–18 Uhr, ☎ 97 33 65 (Ruder- und Paddelboote).

Boot-Charter Potsdam, Jahnufer 8, 14542 Glindow, ⌚ tgl. 9–18 Uhr, ☎ 0 33 27/61 90 26 (Weekender, Kajüt-, Ruder- und offene Sportboote).

Fundbüro

Friedrich-Ebert-Str. 37, ⌚ Di 9–18, Mi–Do 9–12 und 14–16, Fr 9–12 Uhr, ☎ 2 89 15 87.

Information

Als erste Anlaufstelle für Auskünfte fast aller Art fungiert die *Potsdam-Information,* Friedrich-Ebert-Str. 5, 14467 Potsdam, ⌚ April bis Okt. Mo–Fr 9–20, Sa–So 9–18 Uhr, Nov. bis März Mo–Fr 10–18, Sa–So 11–15 Uhr.
Information: ☎ 29 11 00.
Stadtrundfahrten, Programmgestaltung für Gruppen: ☎ 2 80 03 09.
Hotel- und Privatquartiervermittlung: ☎ 29 33 85, Fax 29 30 12.

Notruf

Arzt-Notruf: ☎ 1 15.
Polizei-Notruf: ☎ 1 10.
Zahnärztlicher Notruf: ☎ 35 23 34.
Krankentransport: ☎ 2 27 70.
Feuerwehr und Rettungsdienst:
Stadtkreis ☎ 1 12,
Landkreis ☎ 03 31/44 44.
Frauenhaus: ☎ 96 45 16 (rund um die Uhr).
Kinder-Sorgentelefon: ☎ 96 46 44.

Pannenhilfe

ADAC-Pannenhilfe: Am Kanal 105 b, ☎ 01 80/2 22 22 22.
Abschleppdienst Triller, Ribbeckstr. 43, ☎ 2 00 32, ⌚ rund um die Uhr.

Post

Das Hauptpostamt hat seinen Sitz mitten in der Stadt, Am Kanal 16–18, ⌚ Mo–Fr 8–18, Sa 8–12 Uhr, ☎ 3 80. Einen Postschalter, der rund um die Uhr geöffnet hat, gibt es in Potsdam nicht.

Postleitzahlen

14467 Potsdam-Mitte
14469 Potsdam-Bornstedt und -Bornim
14471 Potsdam-Brandenburger Vorstadt und Hauptbahnhof

14482 Potsdam-Babelsberg
14473 Potsdam-Hermannswerder und Templiner Vorstadt
14478 Potsdam-Waldstadt
14480 Potsdam-Drewitz

Radio und TV

Landessender für Hörfunk und Fernsehen ist der ORB (Ostdeutscher Rundfunk Brandenburg, August-Bebel-Str. 26–53, 14482 Potsdam-Babelsberg, ☏ 72 10). Der ORB-Hörfunk hat drei Programme. Unterhaltung, Evergreens und News über das, was in und um Potsdam so los ist, liefern: Radio Brandenburg, Frequenz 95,8 und Antenne Brandenburg, Frequenz 99,7. Der Jugendsender mit Musik und Infos für junge Leute ist Fritz, Frequenz 102,6.

Grundsätzlich können in Potsdam die TV-Sender ARD, ZDF, B 1 (Berlin 1, gehört zum SFB), SAT 1, FAB (Fernsehen aus Berlin), VOX, PRO 7, puls TV, RTL und RTL 2 über Antenne empfangen werden.

Schwimmen

Die Wasserqualität der Seen rund um Potsdam ist recht unterschiedlich. Das Baden ist aber grundsätzlich überall möglich. Das städtische Gesundheitsamt entnimmt im Sommer alle zwei Wochen Stichproben und sperrt – wie schon vorgekommen – einen See im Fall des Falles. Die aktuellen Werte kann man sich geben lassen unter ☏ 35 23 41.

Die schönsten und – je nach Tageszeit auch einsamen – Badestellen gibt es am Schwielowsee, am Templiner See, am Jungfernsee und am Fahrlander See.

Offizielle Strandbäder mit Sandstrand und Strandkörben gibt es in Caputh, im Babelsberger Park, in Ferch und in Glindow.

Souvenirs

Andenken aller Art, vom Preußenwimpel über das Konterfei Friedrichs

des Großen als Schlüsselanhänger bis zum brandenburgischen roten Adler aus Plüsch verkaufen die

Potsdam-Information, Friedrich-Ebert-Str. 5, ☏ 29 11 00, und der

Souvenir-Stand auf der Terrasse am Neuen Palais, Am Neuen Palais, ☏ 97 31 43 oder 97 31 44.

Von der Schlösserstiftung autorisierte Dias und Postkarten zu allen Potsdam-Sehenswürdigkeiten kann man in den Foyers an den Eintrittskassen der Schlösser erwerben.

Das Fotografieren ist in allen Gebäuden der Stiftung aus konservatorischen Gründen nur mit Sondergenehmigung erlaubt.

Stadtführungen

Stadtführungen kann man in Potsdam auf vielfältige Weise unternehmen:

Zu Lande

Empfehlenswerte und engagierte Führungen per pedes zu ausgesuchten Themen bieten:

Stattreisen Potsdam, über Stattreisen Berlin, ☏ 0 30/4 55 30 28,
FAX 45 80 00 03, und die
Urania Potsdam, Brandenburger Str. 38, ☏ 29 17 41.

Weniger tiefschürfend, dafür aber schneller geht es mit der *Ausflugslinie A 1* im geschlossenen Bus tgl. von 10.10–16.10 alle 15 Minuten ab Bahnhof Potsdam-Stadt. Die Linie fährt durch die Altstadt und rund um den Park von Sanssouci.

Wer es etwas uriger und kitschiger mag, nimmt den *Sanssouci-Express,* der eine Rundfahrt im historischen Bimmelbähnchen „Alter Fritz“ anbietet; über Gabriele Tober, Paul-Neumann-Str. 29, ☏ 71 02 85.

Auf dem Wasser

Den schönsten Eindruck von Potsdams einmaliger Umgebung erhält man bei einer Schiffsfahrt. Dabei gibt es ganz verschiedene Tourenangebote zwischen zwei und sieben Stunden, mit und ohne Tanz, bei Tag und bei Mondschein. Anbieter sind:

Weiße Flotte Potsdam, Holzmarktstr. 6–7, ☏ 2 80 00 32 oder 2 37 52 45 (Anleger an der Langen Brücke).

Brandenburg-Preußische Schiffahrtsgesellschaft, Leipziger Str. 62/64, ☏ 2 80 49 76 (Anleger an der Moschee in der Neustädter Havelbucht).

Tankstellen

In Potsdam wachsen die Tankstellen wie Pilze aus dem Boden. Rund um die Uhr geöffnet haben: Am Bahnhof Potsdam-Stadt, Berliner Straße (B 1 Richtung Berlin), Potsdamer Str. 164 (B 273 Richtung Nauen), Großbeerenstr. 344 (Babelsberg).

Telefon

Vorwahl Potsdam: ☏ 03 31.
Werder: ☏ 0 33 27.
Berlin: ☏ 0 30.
Fernsprechauskunft: ☏ 0 11 88.

Zeitungen

Kioske, die alle bekannten Zeitungen und Zeitschriften verkaufen, sind über die ganze Stadt verteilt. Einen *internationalen Presseshop* mit überregionalen und fremdsprachigen Blättern gibt es im Bahnhofsgebäude Potsdam-Stadt. Die Potsdamer Lokalzeitungen sind:

„Märkische Allgemeine“: Sie hat die größte Leserschaft in Potsdam, traditionelles linkes Blatt, an dem die westdeutsche FAZ seit der Wende die meisten Anteile hält (täglich).

„Potsdamer Neueste Nachrichten“: Ebenfalls weit verbreitete Zeitung mit eher konservativ-liberalem Anstrich, gehört dem Berliner Tagesspiegel (tägl.).

„Argus-Auge“: Versteht sich als kritischer Aufpasser und Bürgerforum gegen eigenmächtige Vorgehensweisen des Magistrats in Sachen Ökologie, Verkehr und Stadtplanung (monatlich).

Register

Sachregister

Umgebung Potsdams

Personenregister

3r

REGISTER

Bildnachweis

Alle Fotos Ralf Freyer außer Archiv für Kunst und Geschichte, Berlin: 15/1–2, 17; Fotostudio Böttcher: 85/1, 87/1–2, 91/1; Nicole Häusler: 21/1, 67/2–3, 73/2, 75/1–2, 79/4; Martin H. Petrich: 25/3, 71/2, 73/1, 79/1–2, 89/3; G. Graefenhain/Eric Bach Superbild: Umschlag (Bild); Superbild/Bernd Ducke: Umschlag (Flagge).